POÉSIES
ET ŒUVRES MORALES
DE
Leopardi

PREMIÈRE TRADUCTION COMPLÈTE
PRÉCÉDÉE D'UN
ESSAI SUR LEOPARDI
PAR
F. A. AULARD
Professeur à la Faculté des lettres de Poitiers.

TOME PREMIER.

PARIS
ALPHONSE LEMERRE, ÉDITEUR
27-31, PASSAGE CHOISEUL, 27-31

M DCCC LXXX

POÉSIES
ET ŒUVRES MORALES
DE
GIACOMO LEOPARDI

Il a été tiré de ce livre :

25 exemplaires sur papier de Hollande.
25 — sur papier de Chine.

Tous ces exemplaires sont numérotés et paraphés par l'editeur.

POÉSIES
ET ŒUVRES MORALES
DE
Leopardi

PREMIÈRE TRADUCTION COMPLÈTE

PRÉCÉDÉE D'UN

ESSAI SUR LEOPARDI

PAR

F. A. AULARD

Professeur à la Faculté des lettres de Poitiers.

TOME PREMIER.

PARIS
ALPHONSE LEMERRE, ÉDITEUR
27-31, PASSAGE CHOISEUL, 27-31

M DCCC LXXX

A l'illustre orientaliste

ANGELO DE GUBERNATIS

HOMMAGE DU TRADUCTEUR

AVANT-PROPOS.

ETTE traduction comprend les poésies et les œuvres morales de Leopardi, telles que Le Monnier les a éditées à Florence, en deux volumes, sous le titre d'*Opere*, excepté les quelques poésies et les *prose* qui sont elles-mêmes des traductions italiennes d'auteurs anciens. Ainsi, des huit volumes de l'édition florentine, nous n'en traduisons que deux, et nous pouvons dire cependant que nous donnons tout Leopardi au public français.

En effet, ce que nous laissons de côté n'offre qu'un intérêt secondaire. L'*Essai sur les erreurs*, les *Études philologiques*, les *Lettres* sont d'utiles commentaires de la vie et de l'œuvre du poète : c'est une source de renseignements que les critiques ne peuvent négliger, mais où se perdrait sans profit la curiosité du lecteur français, qui demande surtout à connaître, d'un grand écrivain étranger, ses chefs-d'œuvre.

Voici tous ceux de Leopardi, sauf la *Batrachomyomachie*, devant laquelle nous avons reculé : comment faire passer dans une autre langue cette satire ou plutôt cette parodie dont tout le sel est le plus souvent dans l'expression ? On en trouvera, dans les pages qui suivent, une longue analyse avec de nombreuses traductions qui inspireront le désir de connaître l'original.

L'Allemagne, où les doctrines désespérées ont droit de cité, possède depuis longtemps plusieurs versions de l'œuvre du grand poète pessimiste de l'Italie. L'année dernière, M. Paul Heyse a fait paraître à Berlin une traduction nouvelle de Leopardi. Cette traduction, remarquablement fidèle, est en vers. Nous n'avons dans notre langue que les poésies, traduites en 1867 par M. Valery Vernier, et, des œuvres en prose, trois dialogues seulement*, publiés, en 1833, dans une Revue, et qui passèrent inaperçus. En somme, ces *Operette morali*, tant de fois signalées par la critique, n'ont jamais été traduites. Hier encore, notre génie national, qui est optimiste, ne s'intéressait pas à ces théories : elles ne lui inspiraient que de l'effroi ou du dédain.

Depuis, nous avons lu Schopenhauer, goûté son génie sans partager ses opinions, dont notre bon sens nous préservera, et notre attention s'est tournée vers les précurseurs de l'auteur du *Monde considéré comme volonté et comme représentation*. On s'est rappelé, en France, que Leopardi était aussi un philosophe, non de même école, mais de ten-

---

* *Ruysch et ses Momies, la Nature et un Islandais* et *la Gageure de Prométhée*. M. de Sinner a publié ces trois traductions comme étant l'œuvre d'un jeune homme qui désire garder l'anonyme, il en est probablement l'auteur. Sainte-Beuve l'affirme.

dances analogues. On a compris que ses écrits en prose étaient inséparables de ses poèmes, et que les uns expliquaient les autres. Le moment est donc venu de traduire également ces petits chefs-d'œuvre dont Manzoni disait, vers 1830 : « C'est peut-être ce qui chez nous a été écrit de meilleur en prose depuis le commencement du siècle. » Nous connaissons des Italiens qui, en 1879, souscrivent encore à ce jugement et placent les *Operette* à côté des *Promessi Sposi*.

Notre traduction des Poésies aura peut-être ceci de nouveau qu'elle a été faite, pour ainsi dire, à la lumière des écrits philosophiques. La vraie source de l'inspiration de Leopardi est dans sa philosophie, comme le montrera l'*Essai* qu'on va lire. C'est pour l'avoir oublié que M. Valery Vernier s'est mépris parfois sur le sens général de certaines odes, et, quoique très-versé dans la langue italienne, a méconnu, croyons-nous, l'esprit intime des poésies. Nous devons beaucoup néanmoins à notre habile devancier, et nous sommes aussi l'obligé de

M. Bouché-Leclercq : les nombreux fragments de traduction qu'il a donnés dans son livre sur *Leopardi, sa vie et ses œuvres* nous ont servi plus d'une fois à contrôler notre propre travail.

Nous n'avons pas, comme les Allemands, de traduction en vers de Leopardi. N'oublions pas cependant que Sainte-Beuve a traduit ainsi *l'Infini, le Soir du jour de fête, l'Anniversaire, le Passereau, l'Amour et la Mort*. Nul n'est entré plus avant que le grand critique dans la pensée du poète. Il profite souvent des similitudes des deux langues pour donner d'ingénieux équivalents. Voici, dans la traduction de l'ode *Amore e morte*, la plus heureuse de ces rencontres :

> Quando novellamente
> Nasce nel cor profondo
> Un amoroso affetto,
> Languido e stanco insieme con esso in petto
> Un desiderio di morir si sente :
> Come, non so : ma tale
> D'amor vero e possente è il primo effetto.

Lorsque nouvellement au sein d'un cœur profond
Naît un germe d'amour, du même instant, au fond,

Chargé d'une fatigue insinuante et tendre
Un désir de mourir tout bas se fait entendre.
Comment? je ne sais trop; mais telle est, en effet,
D'amour puissant et vrai la marque et le bienfait.

Sainte-Beuve n'est pas toujours aussi heureux. Partout où Leopardi est simple et vrai, il échoue. D'ailleurs, mettre en alexandrins les vers lyriques italiens, n'est-ce pas déjà commettre un premier contre-sens?

Un autre poète, M. Auguste Lacaussade, ne voulant que s'inspirer de Leopardi sans adopter son pessimisme, a donné une imitation de la pièce *A se stesso,* qui se trouve ainsi admirablement traduite. M. Lacaussade, qui ne songeait pas à traduire, a laissé de côté les derniers vers, c'est-à-dire la conclusion philosophique :

POSA PER SEMPRE*

Enfin et pour toujours repose-toi, mon cœur,
O mon cœur fatigué! cette suprême erreur

---

* Extrait de la *Muse orientale.* Numéro du 15 septembre 1877.

A qui tu t'es donné, la croyant éternelle,
Elle est morte, et bien morte! et je sens qu'avec elle
Non seulement l'espoir, mais le désir est mort.
Meurs aussi, pauvre cœur! Sans regret ni remord
Du Passé, rends à l'air ta flamme inassouvie.
Vœux déçus, amertume, ennui, voilà la vie.
Dans le renoncement est la sérénité.
Pour souffrir, n'as-tu pas trop longtemps palpité!
Repose-toi, mon cœur! Il n'est rien en ce monde,
A tes fiers battements il n'est rien qui réponde.
La terre est vide, et vide est le ciel! Le Destin,
Pouvoir lâche et caché, nous mène au but certain,
Le néant! . . . .
. . . .
. . . .
Repose-toi, mon cœur, — désespère à jamais!

Cet essai si heureux montre qu'il ne serait peut-être pas impossible à un vrai poète de traduire Leopardi en vers. Ainsi rendu, il plairait davantage et serait peut-être plus lui-même. Notre prose l'aura sans doute trahi plus d'une fois, et la *Ginestra,* son chef-d'œuvre, paraîtra bien pâle : c'est que traduire un poète est impossible, si on prend ce mot à la lettre, surtout quand il s'agit de Leopardi. On peut du moins en donner quelque idée à ceux qui ne lisent pas l'italien et inspirer aux autres le désir de lire le texte. Mais il nous semble qu'une telle traduction doit être principalement dédiée aux poètes français : ils y trouveront des *motifs*, des cadres nouveaux, une vue nouvelle du cœur humain et des objets ordinaires de la poésie. Quant aux *Œuvres morales*, elles plairont à tous les lettrés, nous en sommes sûr, même dans notre pauvre français.

Remercions, en terminant, M. Angelo de Gubernatis de nous avoir autorisé à inscrire son nom illustre sur la première page de ce livre. Il a consenti, en outre, à dérober quelques instants à ses études orientales, auxquelles toute l'Europe s'intéresse, pour revoir, en épreuves, notre traduction des *Poésies* : grâce à lui, on n'aura pas à craindre, en nous lisant, de se fourvoyer à notre suite dans une de ces erreurs dont tout le zèle et toute l'attention du monde ne préservent pas toujours un étranger.

ESSAI

SUR LES IDÉES PHILOSOPHIQUES

ET L'INSPIRATION POÉTIQUE

DE LEOPARDI.

ESSAI

SUR LES IDÉES PHILOSOPHIQUES
ET L'INSPIRATION POÉTIQUE
DE LEOPARDI[*].

CHAPITRE PREMIER.

On a étudié Leopardi plutôt dans sa vie que dans ses œuvres. Examen et réfutation de la légende douloureuse formée par quelques-uns de ses biographes.

E qui a été écrit pour expliquer l'inspiration poétique de Leopardi semble pouvoir se résumer ainsi : Leopardi fut difforme, pauvre, mal compris et mal aimé de ses parents, en butte pendant toute sa jeunesse à l'ignorance malveillante des habitants de Recanati, et, pendant son âge mûr, aux

---

[*] Cet *Essai* est extrait d'une thèse pour le doctorat ès lettres, publiée en 1877 chez Thorin. Plus d'une page a été corrigée et remaniée ; le fond reste le même.

contrariétés de la misère et de la maladie : voilà le secret de ces chants désespérés où il nie la survivance de l'âme, Dieu, le progrès, et tout ce qui d'ordinaire donne aux hommes quelque force et quelque tranquillité. S'il s'était bien porté, s'il eût été beau, compris, aimé, comme Châteaubriand par exemple, il n'aurait pas étalé cette incrédulité, la plus monstrueuse peut-être à laquelle un homme ait jamais osé s'abandonner. Ce n'est pas un philosophe, c'est un malade. Il ne raisonne pas, il souffre. Dans un corps sain, au milieu du bien-être, son génie eût porté des fruits d'une saveur moins étrange, et sa pensée se fût écartée des routes excentriques où le jeta l'excès de la souffrance physique. On va plus loin. On regrette que Leopardi n'ait pas été heureux : au lieu de cette plainte, qui fatigue par sa monotonie autant qu'elle étonne d'abord par son originalité, il eût laissé des chants plus variés, plus sympathiques, plus humains, plus vrais. Il eût été un Manzoni avec plus de profondeur, ou un Foscolo avec plus de clarté, ou encore un Niccolini avec plus d'esprit. De même que Leopardi voit partout sa douleur, de même ses critiques retrouvent ses maux personnels dans chacune des lignes qu'il a tracées. Riche, il n'eût pas fait l'*Histoire du genre humain*. Avec des reins plus solides et une poitrine plus large, il n'eût pas écrit *Amore e morte*. — A les entendre, on se prend à remercier la Nature, pour parler comme notre poète, de n'avoir pas mis sur sa route un bon médecin : nous n'aurions pas eu la *Ginestra*.

Nous croyons que cette explication du génie poétique de Leopardi est insuffisante et injuste : insuffisante, parce qu'en admettant qu'elle donne les motifs de la mauvaise humeur qu'on attribue à Leopardi, elle n'entre pas dans le génie même du poète, qu'il faudrait cependant définir et mettre en lumière ; injuste, parce que Leopardi passa sa vie à lutter, plus que ne le fit peut-être aucun homme, contre ce qu'il nommait la fatalité, qu'il ne se laissa jamais abattre par cette fatalité, sous quelque forme qu'elle s'offrît, maladie, pauvreté ou erreur; parce qu'enfin ces poésies, qu'il s'agit d'apprécier, sont les fruits mêmes des loisirs libres qu'il a conquis, par sa volonté, sur les circonstances. De son vivant même, il a demandé, en vingt endroits de ses œuvres et de ses lettres, qu'on voulût bien examiner sa pensée en laissant de côté ses souffrances personnelles. Cette grâce qui lui fut refusée par ceux de ses contemporains qui, surtout en Allemagne, voulurent le juger, il pouvait espérer que la postérité la lui accorderait. Il n'en a pas été ainsi : on s'est obstiné à n'étudier que les conditions dans lesquelles Leopardi s'est développé, sans vouloir étudier Leopardi, et l'on s'est de la sorte, croyons-nous, mépris sur l'inspiration de ses poésies.

Sans doute, il ne faut point laisser de côté l'étude de ces conditions, et c'est la gloire de la critique actuelle d'avoir cessé d'extraire, comme on le faisait, un écrivain du milieu où il a vécu : mais la justesse même et la nouveauté de cette méthode ont par leur charme emporté certains esprits, principalement à propos de Leopardi, si loin de la personnalité même qui était en question, que cette personnalité, dont les alentours ont été minutieusement éclairés, est restée presque dans l'ombre, méconnue ou travestie. Crainte d'expliquer Leopardi seulement par ses œuvres, on en est venu à ne plus commenter que sa vie, et on est tombé dans une erreur presque aussi grande que si, à la manière de Laharpe, on avait comparé les poésies de Leopardi à l'idéal de perfection que chacun porte en soi, sans parler ni de son temps, ni de sa vie, ni de sa famille, ni de ses amis. Aussi nous croyons-nous dispensés de refaire sa biographie, si bien faite dans Sainte-Beuve, dans l'excellent livre de M. Marc-Monnier : *L'Italie est-elle la terre des morts?* et surtout dans le récent ouvrage de M. Bouché-Leclercq. Mais, comme on n'a montré qu'une partie du génie de Leopardi, celle qu'il doit à ce que les stoïciens nommaient les choses du dehors, nous voudrions montrer l'autre partie de son génie, celle qu'il doit à lui-même, qui est née de son intelligence libre. Car nous sommes d'avis que, sans le libre arbitre, on ne peut expliquer clairement la création d'aucune œuvre d'art, et nous ne croyons pas qu'il y ait du pédantisme à le dire ici, parce qu'en Allemagne comme en France tous ceux qui ont parlé de Leopardi, si convaincus qu'ils fussent que la liberté humaine n'est pas une chimère, ont parlé de lui comme s'il ne possédait pas cette liberté qu'on ne refuse guère à un Dante, à un Pétrarque ou à un Manzoni. Or, le caractère distinctif du génie n'est-il pas la liberté? Et, dans l'étude même de Leopardi, l'expérience ne nous le prouve-t-elle pas? Qu'on lise d'abord les lettres de Leopardi, les articles des revues françaises et étrangères, les confidences des contemporains, et on se forme une idée, que l'on croit juste, de ce poète si malheureux. Qu'on ouvre ensuite ses poésies, qu'on lise le *Canto d'un pastore* ou la *Ginestra*, et cette idée qu'on s'était faite du poète, d'après sa vie, s'altère ou disparait. On avait connu, dans les biographies, une sorte d'automate capricieusement tiré en sens divers par les circonstances, par les rigueurs d'un père, la maladie, le manque d'argent, les déboires et les contrariétés, catholique à seize ans, patriote à vingt ans, puis incrédule en religion, ne se souciant plus de son pays, se moquant de ce qu'il avait aimé, mettant dans ses œuvres la diversité de sa vie et changeant d'inspiration comme il changeait d'ennuis, trouvant que tout est mal parce que ses affaires vont mal, estimé d'autre part, plaint, respecté, et réclamé, après sa mort, par les écoles les plus différentes. Au contraire, si on lit avec attention et indépendance les poésies et les œuvres morales, ces contradictions et cette confusion disparaissent : sous la diversité de la forme, on sent une inspiration qui s'avance, il est vrai, par degrés inégaux, mais qui, tant qu'elle est originale, vient toujours de la même source : cette source, c'est la conception des choses que Leopardi s'était librement formée au sortir de l'adolescence et du catholicisme. On voit alors qu'une telle inspiration est avant tout philosophique et que les contradictions qu'on avait attribuées à la maladie et à la misère s'expliquent aisément par la lutte d'une pensée nouvelle et pessimiste contre les formes traditionnelles de la poésie italienne.

Il faut pourtant, avant d'étudier le pessimisme dans la poésie de Leopardi, dire quelques mots de ces infortunes qui, d'après l'opinion généralement reçue, tournèrent son esprit vers cette doctrine. Nous pensons qu'on en a exagéré non seulement les conséquences, comme nous venons de l'indiquer, mais aussi la gravité. Non, Leopardi ne fut pas aussi malheureux qu'on l'a prétendu, et, puisqu'on a insisté particulièrement sur les « rigueurs » de sa famille, nous allons tâcher, sans entrer dans le récit d'une vie souvent racontée, de marquer, en décrivant cette famille un peu méconnue et presque calomniée par les biographes, quelle sorte d'influence elle put exercer sur Leopardi, pendant que son génie se formait.

Le comte Monaldo Leopardi, son père, vivait retiré dans la petite ville où ses aïeux avaient été depuis le xiii° siècle, les chefs du parti Guelfe, et, soldats ou prêtres, les défenseurs obstinés du saint-siège. Ces souvenirs et ces traditions le fixaient et le retenaient à Recanati. Il était d'ailleurs trop fervent catholique et trop bon Italien pour ne pas se réfugier obstinément dans la vie privée, à une époque où la vie publique était aux mains d'hommes hostiles à ses croyances religieuses et à ses idées politiques. On était, quand naquit Leopardi, à cette heure, qui fut si courte, où les doctrines de la Révolution française parurent prévaloir à Naples et à Rome, comme elles avaient prévalu à Paris. La noblesse, dans les États du pape, dut, non pas se cacher, car elle n'avait rien à redouter du peuple dont elle n'avait pas été séparée, comme en France, par une barrière de haine, mais se tenir à l'écart, attendre la fin de cette éphémère tentative. Elle se préserva, plus que les autres classes de la société, de tout compromis et presque de tout contact avec l'étranger, c'est-à-dire avec la France, de manière à retrouver, la crise passée, toute son influence conservée et accrue par une abstention qu'elle croyait patriotique et qui à coup sûr était bien conforme au caractère traditionnel de l'aristocratie italienne. Mais la crise ne passa pas si vite que l'avaient espéré les partisans de l'ancien régime : la révolution italienne, tour à tour victorieuse et battue, souvent hélas ! ensanglantée et oscillant au gré de la politique étrangère, dénaturée par Napoléon Ier, ne devait rentrer pour quelque temps dans le silence et dans l'impuissance qu'après la chute de l'empereur et de ses lieutenants. Le comte Monaldo eut donc le temps de s'habituer à sa retraite, de renoncer au rôle politique auquel sa naissance aurait pu l'appeler : il y avait si bien renoncé que, quand le pouvoir pontifical fut restauré dans la plénitude de son antique absolutisme, il ne paraît pas avoir songé à quitter Recanati. Mais, du sein de sa retraite, il défendit par la plume la cause que ses aïeux avaient défendue par l'épée, et publia contre les idées libérales une multitude de pamphlets et d'articles de journaux qui eurent, même en France, du retentissement.

L'étude, qui l'avait d'abord consolé et distrait de la vue des malheurs de l'Italie, avait fini par occuper tous les loisirs que lui laissait la polémique religieuse. Il connaissait l'antiquité, surtout l'antiquité latine. Il se créa une assez belle bibliothèque qu'il dédia, un peu solennellement, « à ses enfants, à ses amis, à ses concitoyens. » Il semble d'ailleurs avoir mêlé à toutes les actions de sa vie une certaine emphase* qui contraste singulièrement avec la simplicité de son fils. Mais ce fut un homme de bien, qui eut du moins le mérite de ne pas vouloir mener une vie inutile. Il aima ses enfants et les éleva avec une sollicitude souvent intelligente. Il faut avouer cependant qu'il avait l'âme timide, étroite naturellement et resserrée encore par ses doctrines politiques et religieuses. Incapable d'entrer profondément dans le caractère de son fils, il était plus effrayé que ravi de ce qu'il découvrait d'extraordinaire dans celui qui devait illustrer le nom de Leopardi. Il ne sut pas se faire aimer du jeune Giacomo; il n'en obtint que cette affection naturelle qui est plus près du respect que de l'amour. Plus d'une fois Leopardi s'irrita secrètement contre son père et fit part de ses griefs à ses amis avec une amertume souvent injuste, mais que les contrariétés et la maladie expliquent aisément. Le fils ne comprit pas que les inquiétudes inspirées par sa mauvaise santé étaient pour quelque chose dans les rigueurs et les défiances de son père, et le père ne sut pas pardonner à son fils les excentricités, les fantaisies inséparables du génie, ni cette colère

---

* Voir son portrait par lui même, extrait de son autobiographie inédite et publiée par M Piergili dans l'*Epistolario* de sa famille. Florence, 1878.

de vivre à Recanati, ni surtout la hardiesse, monstrueuse pour un tel esprit, de ses opinions philosophiques. Ce fut, de la part du fils, de l'impatience, de la colère même, mais non pas de la haine; de la part du père, de la maladresse, des préjugés, mais non de la sécheresse de cœur. Le noble religieux et ami du passé se fit plus d'une fois le secrétaire-copiste du poëte impie et novateur, comme l'attestent les manuscrits conservés à la bibliothèque nationale de Florence, et, quoi qu'il faille penser des rigueurs et des sévérités du comte Monaldo*, il n'en reste pas moins incontestable que Leopardi doit à son père d'avoir reçu, dans le fond d'une campagne obscure, les moyens de devenir ce qu'il fut.

Il ne faut donc pas prendre au pied de la lettre ces récriminations qui reviennent si souvent sous la plume de Leopardi quand il parle de son père à ses amis intimes. On en viendrait aussi à s'imaginer que les rigueurs du comte Monaldo ont accru les souffrances physiques et morales de Leopardi, et que, si le père eût mieux aimé son fils, il lui eût épargné en partie le mal complexe dont

---

* Voir les lettres de Monaldo, publiées depuis la première édition de ce travail elles sont toutes à son honneur et ne laissent aucun doute sur son amour paternel. Toutefois il méconnut toujours le génie et dédaigna les opinions de son fils, qu'il ne cessa jamais de traiter en enfant. C'est là le grand grief et la plus profonde blessure de Leopardi.

il est mort. La vérité est que ces dissentiments, qui durèrent jusqu'au dernier jour, sont expliqués et justifiés de part et d'autre par les différences indestructibles des caractères*.

Il est rarement question, dans la correspondance, de la mère de Leopardi, la marquise Adélaïde Antici, mais il ne faudrait pas conclure de ce silence qu'il y eût de graves et douloureux ressentiments entre la mère et le fils, ni même qu'ils eussent cessé de s'écrire. Les éditeurs de l'*Epistolario* ont soin de nous prévenir qu'ils n'ont pas imprimé les lettres qui ne contenaient que de menus détails sur la vie intime de la famille, et il est permis de supposer que ces lettres, dont la suppression est regrettable, sont précisément celles que Leopardi écrivait à sa mère et recevait d'elle. Pourtant c'est une chose grave que dans les crises de sa vie, à son premier voyage à Rome

---

* Il est certain que le comte Monaldo laissa son fils presque sans argent, comme l'atteste l'*Epistolario*. Mais les biens qu'il possédait à Recanati étaient grevés d'hypothèques qui absorbaient presque tout le revenu : « *Mio padre non vuol mantenermi fuori e forte non può attesa la scarsezza grande di danari che si patisce in questa provincia, dove non vale il possedere, e i signori spendono le loro derrate in essere, non trovando da convertirle in moneta : ed atteso ancora che il patrimonio di casa mia, benché sia dei maggiori di queste parti, è sommerso nei debiti.* » (*Epist.*, t. II, p. 122.) Ajoutons toutefois que de nouveaux documents nous le montrent menant un assez grand train de maison.

et pendant son séjour à Florence, il n'ait point pris sa mère pour confidente de ses pensées ; mais si elle manqua à son fils dans des circonstances où la tendresse d'une mère est le plus opportune, rien ne permet de croire qu'elle ne l'aimât point ; elle était, j'imagine, moins dure de cœur que timorée d'esprit, moins égoïste que Recanatèse, et on ne peut guère lui en vouloir de n'avoir point troublé la vie intellectuelle de Léopardi d'une intervention qui se fût vraisemblablement manifestée par des reproches maladroits et irritants *.

Léopardi trouva une tendresse vraiment intelligente et telle qu'il pouvait la souhaiter, dans sa sœur Pauline qui ne manquait ni d'esprit, ni de grâce, ni même d'instruction **. Il nous montre bien le cas qu'il fait d'elle, dans une lettre écrite peu après son premier départ de Recanati : il l'y complimente ingénieusement et avec une sorte de coquetterie badine, dont plus d'un trait surpren-

---

* Avouons toutefois que le nouvel *Epistolario* nous révèle des détails accablants pour elle et qui nous forcent à douter même de sa tendresse maternelle c'est elle qui empêche Monaldo d'envoyer de l'argent à Léopardi. Son ressentiment ne désarme jamais, et, toute-puissante sur l'esprit de son mari, elle laisse son fils lutter sans aide contre tous les ennuis de la misère

** *Siete sensibilissima, sapete amare, siete amare, siete istruita, al di sopra di quattro quinti delle vostre pari.* » (*Epist*, I, 301.)

drait dans une lettre française : « Véritablement, je ne sais vous répondre avec la grâce que mériteraient vos lettres. Je n'entends pas grand'chose à la galanterie, et de plus je crains que, si je voulais en user avec vous, maman ne brûlât mes lettres avant de vous les avoir données, ou tout au moins après. Si je vous disais que je vous aime de tout mon cœur, ce ne serait pas galant, mais ce ne serait pas non plus assez tendre. Si bien que, pour ce qui est de mes sentiments à votre égard, de peur de m'exprimer avec maladresse, je veux que vous en soyez vous-même l'interprète, et je vous fais ma plénipotentiaire dans cette affaire*. » Elle aussi fut malade de cœur et d'imagination. Elle écrivit à son frère des lettres ou ses douleurs et ses désillusions étaient peintes en termes ardents : « Je souffre, lui répondit Leopardi, de te sentir travaillée de la sorte par ton imagination... Je voudrais pouvoir te consoler et assurer ton bonheur aux dépens du mien ; mais si je ne le puis, je t'avoue du moins que tu as en moi un frère qui t'aime de cœur et qui t'aimera toujours, qui sent la tristesse et l'amertume de ta situation, qui sait y compatir et qui, en somme, prend la moitié de tous tes maux. Je ne te répéterai pas que la félicité humaine n'est qu'un songe, que le monde n'est pas beau, qu'il n'est

---

* *Epist.*, I, 273.

même pas supportable si on ne le voit que comme tu le vois, c'est-à-dire de loin ; que le plaisir n'est qu'un mot sans réalité, que la vertu, la sensibilité, la grandeur d'âme sont non seulement les uniques consolations de nos maux, mais encore les seuls biens possibles en cette vie ; que ces biens, quand on vit dans le monde et dans la société, ne procurent ni jouissance ni profit, comme le croient les jeunes gens, mais se perdent tout à fait, l'âme restant dans un vide épouvantable. Tu le sais déjà et non seulement tu le sais, mais encore tu le crois : cependant tu as le besoin et le désir de le voir avec ton expérience propre : et c'est ce désir qui te rend malheureuse*. » L'admiration qu'elle avait pour son frère était mêlée de respect et de déférence. Il faut qu'il rassure son humilité et lui rappelle qu'avec un frère elle doit laisser de côté les formules de cérémonie. Elle eut sur lui, à son insu, une influence plus bienfaisante que le comte Monaldo et la marquise Antici. Sans doute, ce n'est pas d'elle que Leopardi recevra, dans ses désespoirs, les conseils fortifiants ni les douces réprimandes : c'est au contraire lui, le malade, l'inquiet, qui tâchera de faire entrer dans cette âme trop semblable à la sienne la sécurité réparatrice que lui-même passe pour n'avoir jamais connue. Cependant il dut, je suppose, se con-

---

* *Epist.*, I, 287.

soler parfois en la consolant : il ne parla pas sans profit pour ses propres douleurs de la nécessité de modérer son imagination, de mesurer les élans de sa pensée et de s'attacher fortement à la seule chose qui soit forte, c'est-à-dire au devoir*.

Mais ce fut sur son frère Charles qu'il reporta le meilleur de son amitié et de sa confiance. Charles fut toute sa vie son confident, son conseiller, son consolateur, son ami ; c'est lui, surtout à Recanati, qui comprit les souffrances morales du jeune poète ; seul dans la famille il eut de l'indulgence et même une sympathie timide, mais profonde, pour cet extraordinaire développement intellectuel. Il avait lui-même l'âme noble pour suivre les hautes aspirations du penseur, et assez saine pour lui être un exemple de bon sens et de sérénité. Il prit soin de la gloire de son aîné, et le nom de Charles Leopardi est honorablement mêlé aux incidents de la publication de l'*Epistolario* et des *Studi giovanili*. Il aima les lettres**, peut-être un peu par amitié fraternelle, et les cultiva assez pour que ses conseils eussent du crédit, et pour que son admiration ne fût pas aveugle. « Si tu m'aimes, lui écrivait

---

* Voir, sur l'infortunée Pauline, le nouvel *Epistolario*. Elle ne se maria pas et mourut à Pise en 1868.

** En 1823, il composait des sonnets (étant amoureux) et les envoyait à son frère à Rome.

Leopardi, crois que je ne t'aime pas moins, et qu'en vérité chaque jour je désire davantage ta compagnie et je sens davantage le besoin que j'ai de toi. Mais à quoi bon chercher à te le persuader? Tu te connais assez, tu me connais également, tu sais qu'on ne trouve pas ton pareil et que je ne suis pas fait pour converser avec qui ne m'entend pas et encore moins pour aimer qui ne m'aime pas. Je te pourrais dire une infinité de choses pleines d'amour, ou plutôt je te les voudrais dire, mais je ne saurais; et, d'un autre côté, notre amour est si vrai et si naturel qu'il semble qu'il se dérobe et qu'il ne se soucie pas d'être exprimé avec des paroles. » « Ton amour, ta pensée et ta personne sont comme la colonne et l'ancre de ma vie*. »

On voit que Leopardi, qu'on représente volontiers comme abandonné par les siens, aurait trouvé même dans sa famille**, même dans « l'horrible

---

* *Epist*, t I, *pass*. — Charles se maria deux fois et fut vers 18,0 directeur des postes à Ancône Il est mort en 1878. Il avait bien changé dans sa vieillesse et n'était plus le *Carluccio* gai, enthousiaste et toujours un peu amoureux. Voir, a ce sujet, un curieux article de M. Tirinelli, intitulé *Un jour à Recanati*, dans la *Nuova Antologia* du 1er septembre 1878.

** Ses frères s'ennuient plus que lui. Ils pestent tout le jour contre Recanati et les Recanatais. Ils envient Leopardi Il est, à leurs yeux, lui qui voyage, l'homme heureux, le privilegié de la famille.

et inhabitable » Recanati, assez d'affection vraie, pour que ses maux en fussent soulagés. Même si le hasard n'avait pas mis sur son chemin tant de fideles compagnons, parmi lesquels ces deux amis exquis, Giordani et Ranieri, il eût connu le bonheur d'être aimé plus peut-être que tel grand poète ou tel grand philosophe réputés heureux.

Nous sentons bien que, pour plus d'un lecteur de l'*Epistolario*, ce mot de bonheur prononcé à propos du « pauvre Leopardi » peut paraitre un ironique paradoxe. Sans doute, quoi qu'on puisse dire de la famille et des amis du poète, le bonheur, tel qu'on l'entend, ne se rencontre guère dans sa vie ; à la considérer jour par jour, cette vie est une lutte incessante contre les deux maux que les hommes redoutent le plus : la maladie et la pauvreté. Quelques détails navrants, que nous ne pouvons pas chercher à atténuer, hantent malgré nous notre mémoire. Mais faut-il juger l'ensemble de sa vie et le degré de son infortune par quelques détails? Il y a dans la vie de Voltaire, surtout dans la première période, des incidents aussi douloureux : citera-t-on Voltaire comme un exemple d'infortune? On dira que Voltaire fut ensuite le roi de son siècle, l'arbitre de l'opinion. Sans doute, et c'est précisément le genre de gloire qu'il avait le plus désiré. Mais si le bonheur réside pour l'homme dans la conformité de sa vie avec ses désirs, Leopardi fut-il si complètement malheureux? Les besoins de son cœur et de son esprit ne furent-ils pas, dans une certaine mesure, satisfaits? Il avait désiré, dans son isolement, un ami expérimenté, lettré, en position de lui donner accès dans le seul monde où il souhaitât de vivre, c'est-à-dire dans celui où l'on sait apprécier les choses de l'esprit, et, par une chance inespérée, il connut Giordani, l'aima, en fut aimé et trouva en lui son bon génie. Il voulait sortir de Recanati, il en sortit; vivre dans les villes intelligentes et célèbres de l'Italie, il y vécut : la moitié de sa vie se passa à Rome, à Bologne, à Florence, où chez Vieusseux il assista, à son insu, et contribua, sans trop y croire, à la renaissance intellectuelle de son pays, à Naples où ses dernières années furent adoucies par la sollicitude et le dévouement de Ranieri et de sa sœur, qui réalisèrent discrètement l'idéal d'amitié rêvé par Leopardi d'après les anciens, ces connaisseurs incomparables et ces maîtres divins dans toutes les choses du cœur qui ne sont pas l'amour. La gloire, j'entends la gloire éclatante des poètes nationaux, d'un Foscolo, d'un Niccolini, il n'y prétendait pas, il n'y avait pas droit, lui qui, à l'heure où luttaient au péril de leur vie les précurseurs de l'unité italienne, cessait de parler de l'Italie dans ses vers, niait le progrès, s'en moquait même, et lançait ses dures et froides épigrammes aussi bien contre les principes qui ont mené en définitive les Italiens à Rome que contre les théories oppressives des dominateurs étrangers. Mais il obtint, ce qu'il préférait sans doute, sinon l'approbation, du moins l'estime et souvent la sympathie des esprits les plus éminents de son temps, de Mai, de Gino Capponi, de Niccolini, de Gioberti, et de tout le cénacle illustre qui fonda et dirigea cette *Antologia*, destinée à l'honneur de périr, comme étant un danger pour l'Autriche, après avoir envoyé bien au delà des frontières du grand-duché de Toscane des idées qui devaient germer. Si l'auteur de l'*Ottonieri* n'aimait pas la gloire, assurément il ne fut pas insensible à la bonne renommée dont l'entoura son amour précoce de la science et à ce murmure flatteur d'étonnement que provoquèrent en Allemagne les éloges de Niebuhr et de Bunsen.

Ceux qui veulent à tout prix que la fortune ait épuisé sur Leopardi ses dernières rigueurs parlent d' « irréparables disgrâces » qui le rendirent ridicule auprès des femmes. On se répète tout bas en Italie plus d'une histoire irrévérencieuse sur ses mésaventures. La vérité est qu'on ne sait pas grand'chose sur les amours de Leopardi ; ses premières poésies et sa correspondance nous montrent qu'il aima, dans son adolescence, à Recanati, une jeune femme, sa cousine, qui quitta brusquement le pays sans prendre garde à l'amour de cet enfant maladif et studieux. Mais de telles douleurs sont communes; elles passent ou se transfigurent en beaux vers. Plus tard, à Florence, il aima, si l'on lit entre les lignes de la correspondance, et dut fuir à Rome ses déceptions et ses ennuis. Mais son caractère était formé, ses écrits philosophiques avaient paru, son œuvre était faite. Il semble être redevenu très-vite maître de son cœur et n'avoir plus songé qu'aux seuls plaisirs qu'il pût raisonnablement souhaiter, ceux de l'amitié. Quoi qu'il en soit, s'il eût aimé, s'il eût, comme Musset, connu la trahison et le cortège de maux que les poètes attachent à l'amour, n'aurait-on pas vu là aussi une nouvelle source d'infortune? et, s'il est vrai de dire qu'il ne connut pas l'amour, ne peut-on pas ajouter aussi qu'il en fut préservé?

Lui-même, qui n'aimait pas qu'on parlât de ses maux, eût protesté avec indignation contre cette légende lamentable qu'une pitié indiscrète a formée avec quelques phrases de ses lettres intimes, où il répond souvent à des questions précises que sa famille lui pose sur sa santé et son état moral, et où il est ainsi contraint de mettre en lumière, pour un instant, des ennuis que, comme penseur et comme poète, il laissa d'ordinaire dans l'ombre. Il est certain qu'il ne fut jamais dominé par les souffrances physiques ni par la misère. Au milieu des contrariétés, il s'appartient, il maîtrise la douleur, s'il ne peut l'anéantir. Il se sert, contre la destinée, de cette sagesse antique dans laquelle il s'est trempé, et ainsi armé contre les choses, il pourrait presque, comme le héros d'un de ses poèmes, dire à ceux qui le plaignent à l'excès : « Je n'ai pas jusqu'ici de motifs de larmes, *non ho fino a qui cagion di pianto* * »

* *Canto d'un pastore.*

CHAPITRE II.

PHILOSOPHIE DE LEOPARDI.

Théorie de l'*infelicità*. — Nature de l'incrédulité religieuse de Leopardi. — Leopardi et Schopenhauer.

Théorie de l'infelicità.

NFELICITÀ est le mot qu'il faut écrire en tête d'un résumé de la philosophie de Leopardi. C'est de l'*infélicité*, si on nous permet d'emprunter à l'italien ce mot jadis français, que partent, ses observations, c'est à l'infélicité qu'elles aboutissent et qu'elles reviennent. L'infélicité est la seule explication qu'il puisse donner des choses humaines. L'infélicité est universelle et irrémédiable : telle est la seule certitude que nous puissions avoir. Elle ne résout pas les divers problèmes qui agitent l'esprit de l'homme, car ils sont insolubles, mais

elle les ramène à un seul qui est le problème de la douleur. Résoudre ce dernier et suprême problème, Leopardi n'y songe pas. Arrivé à ces limites, son esprit s'arrête, non qu'il n'y ait rien au delà, mais il ne trouverait encore qu'infélicité. La douleur s'explique par la douleur, et il est aussi inutile qu'impossible de porter plus loin ses réflexions.

Cette idée se trouve au premier plan dans les œuvres morales, dans les Dialogues, dans les Traités, dans les Pensées. La forme seule varie. Ce n'est qu'un cri de douleur jusqu'à la dernière ligne. « L'âme humaine est créée pour être grande et malheureuse. » — « Le plus heureux est de ne pas vivre. » « L'homme est bien sot de souhaiter de prolonger ses jours : qu'il trouve auparavant l'art de vivre heureux. » « L'ennui n'est que le sentiment de l'infélicité et le désir du bonheur. » « Quand finira l'infélicité? quand tout finira. » Telles sont les principales conclusions des dialogues. Voici maintenant tout un éloge des oiseaux composé ironiquement pour montrer qu'ils sont plus heureux que les hommes. Les œuvres morales commencent par une Histoire satirique du genre humain, écrite à l'antique et comme par un Lucrèce railleur, où l'on suit pas à pas les progrès de l'infélicité humaine que la civilisation semble avoir portée à sa perfection. Enfin, dans l'*Ottomeri*, ces sombres réflexions ne marquent-elles pas d'un trait ineffaçable le sentiment de Leopardi sur cette éternelle infélicité? « On lui demandait quel était le pire moment de la vie humaine. Il répondit : En exceptant le temps de la douleur et celui de la crainte, je croirais pour ma part que les pires moments sont ceux du plaisir; car l'espérance et le souvenir de ces moments, qui occupent le reste de la vie, sont choses meilleures et bien plus douces que les plaisirs mêmes.

« Il disait que chacun de nous, dès qu'il vient au monde, est comme quelqu'un qui se couche dans un lit dur et incommode; à peine s'y trouve-t-il que, se sentant mal à son aise, il commence à se retourner sur chaque flanc, à changer sans cesse de place et d'attitude. Il passe de la sorte toute la nuit à toujours espérer de pouvoir prendre à la fin un peu de sommeil et à se croire parfois sur le point de s'endormir. L'heure arrive et sans s'être jamais reposé, il se lève.

« Observant avec quelques personnes des abeilles occupées à leur besogne, il dit : « Vous êtes heureuses si vous ne comprenez pas votre malheur. »

« Il ne croyait pas que l'on pût ni raconter toutes les misères des hommes, ni en déplorer une seule suffisamment.

« A cette question d'Horace : Comment se fait-il que personne ne soit content de sa condition? il répondait : La cause en est que personne n'a été heureux.

« Il remarquait qu'il n'y a pas de situation si malheureuse qu'elle ne puisse empirer, et qu'aucun mortel, si misérable qu'il soit, ne peut avoir la consolation de se vanter d'être dans une telle infortune qu'elle ne comporte pas d'accroissement.... La fortune a beau faire; elle ne perd jamais la faculté de nous infliger de nouveaux malheurs capables de vaincre et de rompre la fermeté même du désespoir. »

Rien n'est à l'abri de l'infélicité, pas même ces prétendues retraites que l'homme croit pouvoir se créer en lui-même. Les plus secrets sentiments, les plus fières et les plus fermes dispositions de l'âme humaine sont à la merci de la fortune. L'orgueil même n'est que vanité. C'est une chimère présomptueuse que cette idée que les hommes se font de la dignité et de l'importance de leur race. Cette race viendrait à disparaître que le monde n'en continuerait pas moins sa vie ordinaire. Quant à la supériorité dont nous nous targuons, comme elle est rabattue par l'histoire de la Gageure de Prométhée! Il parie avec Momus que les hommes sont les plus parfaits des animaux. Il s'ensuit un voyage philosophique à travers l'humanité qui mène successivement les parieurs chez les anthropophages d'Amérique, près du bûcher d'une veuve indienne, devant le cadavre d'un suicidé pour cause de spleen, à Londres, si bien que Prométhée perd son pari. La seule conclusion qu'on tire de ce voyage, c'est que les hommes sont plus malheureux que les autres animaux; car l'infélicité ne comprend pas seulement la souffrance, mais toutes les imperfections de la nature humaine. L'orgueil en est un des éléments; il nous donne une estime exagérée du globe que nous habitons. Hercule a tort de plaindre Atlas des fatigues qu'il endure à porter le monde : Atlas en sent à peine le poids et s'en servirait comme d'une balle, s'il ne craignait de le briser.

Sots et malheureux, tels sont les hommes, non sans quelque grandeur toutefois, mais cette grandeur n'est qu'un présent ironique de la nature : « Vis, ma fille, dit la Nature à une âme, pour être grande et malheureuse. » Cette grandeur même, Leopardi ne semble pas y croire. C'est une concession qu'il fait à la présomption humaine. Il n'est point touché, comme nous le verrons plus tard, par la considération du *roseau pensant* de Pascal. Dans cette amère satisfaction que le moraliste chrétien laisse à l'orgueil humain, Leopardi ne voit aucune grandeur, mais comme un ridicule de plus. Il ôte une à une toutes ses illusions à l'espérance humaine : Vanité la gloire, la vertu, l'honneur, la foi ! s'écrie-t-il. Vanité le progrès ! Vanités toutes les consolations que s'est cherchées l'humaine nature, soit dans le sentiment de sa force, soit même dans celui de sa faiblesse !

Ce qui a mis le comble à l'infélicité, c'est la

recherche de la vérité. Les hommes étaient heureux avant d'avoir obtenu de se rapprocher de cette vérité qui tout d'un coup leur a montré leurs misères. La vertu, le patriotisme, l'honneur, n'étaient que des fantômes, mais ils y croyaient comme à des choses réelles, et le culte dont ils les entouraient leur donnait du moins un semblant de bonheur. La lumière que l'on a maladroitement jetée sur ces douces et adorables chimères les a, hélas! dissipées, et cette vérité qui devait être la source de tous les biens a montré seulement qu'il n'y avait de réel en ce monde qu'une seule chose : l'infélicité.

II

Nature de l'incrédulité de Leopardi.

Alfred de Musset dit quelque part qu'il voudrait *nier pour cesser de douter*. Leopardi ne connut pas ce doute. Il nia, sans transition sensible, dès qu'il eut perdu la foi religieuse, c'est-à-dire dès qu'il sortit de l'enfance. Nulle part, dans ses écrits, il n'est question de ces angoisses intimes de l'incertitude dont d'autres penseurs ont laissé des peintures célèbres. S'il hésita, cette hésitation fut courte, et, s'il y eut une crise dans son âme, elle ne paraît pas avoir laissé de traces durables. On ne rencontre dans le développement de sa pensée ni croyances consolatrices ni désir ou regret d'une doctrine forte, ni même ces aspirations, qui n'ont pas été étrangères à certains sceptiques, vers quelque certitude rassurante. A vrai dire, il ne demande pas être rassuré, n'ayant jamais eu peur. Il ne croit pas qu'il y ait un Dieu, personnel ou autre, ni que l'âme survive, ni même qu'il y ait une âme, ou plutôt, n'y voulant pas penser, il n'y pense pas et n'en parle pas. Cette omission des questions en dehors desquelles on n'a guère coutume de philosopher, outre qu'il la juge prudente et salutaire à divers titres, vient d'une incrédulité qui est vite devenue tranquille à force d'être profonde et sincère. Il ne prend pas la peine de dire : « Je ne crois pas à ces choses. » Il les considère comme ne valant pas qu'on les nie et à plus forte raison qu'on les discute. Une fois ou deux, dans toute son œuvre*, il fait allusion « à la crainte des choses d'un autre monde », mais en passant, dans une sorte de parenthèse, non sans dédain ni sans ironie.

Cependant, à plusieurs reprises, il semble qu'il

---

* En prose. Il sera plus explicite dans les *Paralipomènes*; mais nous verrons qu'il ne daigne pas discuter les systèmes consolateurs : il les parodie.

va, comme malgré lui, aborder la question et la traiter; mais il se dérobe dès que le voisinage en devient brûlant. Les momies de Ruysch, ressuscitées pour un quart d'heure, lui content comment elles moururent. Et ce qui suit la mort? demande Ruysch. Et l'*au delà?* Nous y sommes : mais le quart d'heure est écoulé, les momies se taisent et Leopardi n'en dit pas plus long. Ailleurs, il traite la question du suicide, qui semble inséparable de la question de la survivance; pas un seul des arguments qu'il donne pour ou contre la légitimité du suicide n'a trait à la vie future. Dans la conclusion du parallèle entre Brutus et Théophraste, curieusement et avec une sorte d'indifférence polie, il parle de l'opinion des anciens sur ce sujet : « Déjà, dit-il, la vie avait perdu tout son prix et les sages cherchaient des consolations non seulement de la fortune, mais encore de la vie même, ne jugeant pas croyable que l'homme naquît particulièrement et uniquement pour la misère. C'est ainsi qu'ils en venaient à la croyance et à l'attente d'une autre vie où se trouvât la raison de la vertu et des actions magnanimes, que l'on avait bien trouvée jusqu'alors en cette vie, mais que l'on ne trouvait plus et qu'on ne devait jamais plus trouver. De ces pensées naissaient ces sentiments si nobles que Cicéron a développés dans plusieurs passages et particulièrement dans le discours pour Archias. »

On voit que cette « attente d'une autre vie » ne

lui parait pas assez sérieuse pour qu'il en montre la vanité. Ce respect et cet éloge d'une croyance surannée cachent à peine l'ironie ; il y voit surtout une source de généreuses émotions et de développements oratoires pour un avocat ami des lettres.

Il faut noter qu'il ne nomme jamais Dieu [*], si ce n'est dans des exclamations ou dans des locutions toutes faites, et encore emploie-t-il plus fréquemment des interjections de forme mythologique. Sans doute, une des raisons de cette omission est, nous le savons, la crainte de la Censure, et la nécessité de tromper la police ecclésiastique, pour être imprimé plus librement. Il s'y marque aussi quelque dédain pour le Dieu du christianisme et de la philosophie déiste. Au lieu de dire « Dieu », il dit « Jupiter », parce que cela est indifférent, ou plutôt parce qu'au fond il a une secrète préférence pour la divinité antique. Littérairement il est païen, il veut rester païen, non à la façon d'un croyant formaliste du temps du vieux Caton, ni d'un éclectique contemporain de Cicéron, mais comme un incrédule bienveillant, sympathique, à qui ces choses paraissent dignes d'être conservées parce qu'elles sont gracieuses, agréables et en harmonie avec la mesure

---

[*] Son père, dans ses lettres, fait à tout propos intervenir la Divinité.

de l'imagination humaine. Voilà pourquoi il choisit ce nom païen. Ce choix fait, il n'hésite pas à faire de son Jupiter un tyran capricieux, comme dans l'*Histoire du genre humain*, et lui adresse des critiques qui peuvent s'appliquer sans violence au Dieu de la religion et de la raison. Parfois aussi, toujours à l'antique, il dit : « La Nature », « le Destin. » Dans Lucrèce, la Nature personnifiée gourmande l'homme qui se plaint de mourir trop tôt : ainsi, dans Leopardi, la Nature s'entretient avec une âme vivante, et lui parle en païenne du Destin inexorable et incompréhensible : « Je suis soumise au destin, dit-elle, qui en ordonne autrement, quelle qu'en soit la cause, cause que ni toi ni moi ne pourrons comprendre. » Quel est ce destin mystérieux et tout-puissant ? Leopardi n'a garde de le dire. Car ce n'est pas philosophiquement qu'il admet un instant le *fatum* antique, ou la nature personnifiée. Il parle ainsi, parce que ces termes lui plaisent, et qu'ils sont commodes pour le dialogue. Il dit « la Nature », « le Destin », comme il a dit Jupiter ou Mercure : il ne faut voir dans ces noms ni panthéisme ni fatalisme.

Le fond de sa pensée est qu'il ne faut point s'occuper de toute cette métaphysique. Mieux vaudrait peut-être, pour le charme de la vie, croire à Dieu, à l'âme, à la survivance. Mais puisqu'il est avéré que l'âme et la survivance sont des chimères, à quoi bon s'inquiéter de chimères ?

A quoi bon revenir sans cesse à ces prétendus problèmes? N'est-il pas inutile et ridicule de condamner son esprit à de telles investigations? Oublions-nous donc qu'une seule chose est vraie et sensible, l'infélicité? que l'infélicité a été témérairement éclairée et tristement accrue par l'imprudente recherche de la vérité? Quant à la raison de l'infélicité, nous ne la connaitrons jamais, si tant est que cette raison existe en dehors de l'infélicité même. « Puisque tout ce qui est détruit souffre, dit un Irlandais à la Nature, puisque ce qui détruit ne jouit pas et est bientôt détruit à son tour, dis-moi ce qu'aucun philosophe ne sait me dire : à qui plaît ou à qui est utile cette vie malheureuse de l'univers qui ne subsiste que par la perte et par la mort de tous les éléments qui la composent? » C'était en Afrique, en plein Sahara, que ce curieux avait été demander à la nature le secret des choses. Il n'avait point achevé sa question que deux lions affamés se jetèrent sur lui et le dévorèrent, le ramenant ainsi au sentiment de l'humaine infélicité. L'infélicité est le dernier mot de la sagesse humaine, et il n'y a qu'une certitude possible, celle de l'universelle et irrémédiable misère.

III

Leopardi et Schopenhauer.

Nous n'avons pas à examiner quelle est la valeur philosophique de cette théorie de l'*infelicità**; notre seul but est de montrer, par une étude approfondie des poésies, que cette théorie, quelle qu'en soit la valeur, a été la vraie, la seule source de l'inspiration de Leopardi. Peut-être cependant n'est-il pas hors de propos de faire remarquer que si chacune de ces vues pessimistes n'est point nou-

---

* La meilleure réfutation de la théorie de l'*infelicità* n'est-elle pas dans ces belles paroles d'un des hommes qui ont le plus cru *aux destinées progressives* que raillait Leopardi?

« Nous assistons a la *grande Rénovation* que Bacon a appelée sans pouvoir la saisir. Il vaut la peine de vivre pour voir toutes les sciences anciennes et nouvelles apporter chacune son contingent, sa méthode, son esprit a la science suprême, à la philosophie de la vie universelle.

« Un homme qui s'est consumé d'attente dans une profonde nuit, se réjouit au premier rayon du jour. De même il est impossible que l'humanité ne se réjouisse pas en voyant la clarté qui se répand sur toute chose. Grande faveur pour l'homme de naître dans une de ces époques de rénovation de la pensée humaine. Il acquiert des instru-

velle, si elles abondent, non pas seulement dans la philosophie des Indiens, mais encore dans la philosophie classique, principalement dans le système d'Épicure, la réunion de toutes ces vues, de toutes ces idées négatrices en une même doctrine est quelque chose de nouveau. Mais ce qui est plus nouveau encore, c'est que les négations de Leopardi ne tendent pas à éliminer les idées reçues afin de mettre sur leurs ruines un système ou une religion. Non : toute la philosophie, pour Leopardi, est de nier : si tout est faux, ce n'est pas que quelque chose soit vrai ; et s'il se sert du mot de vérité, ce n'est pas qu'il y ait une vérité, mais c'est que la langue est ainsi faite qu'on ne peut s'exprimer sans employer ce mot : tout est vain, tout est creux, tout est illusion, ce qu'on appelle vérité aussi bien que le reste.

ments et comme des organes qui n'appartenaient pas à ses pères. Qu'il sache user de ces organes nouveaux ; ils étendent son existence aux derniers confins de l'univers. La nuit était profonde, le jour se fait, saluons la lumière.

« La même loi reconnue dans les orbites des astres se retrouve dans les formations géologiques, dans la succession des règnes, dans la formation des sociétés, dans le secret de la conscience humaine, dans ses diverses créations, langues, arts, poèmes, de telle sorte que la même vérité est inscrite partout et que, de quelque point que l'on parte, on la rencontre en chaque chose, à chaque degré de l'être, comme dans ces palais arabes où la même devise est écrite à chaque endroit et où toute muraille répète : *Felicité ! felicité !* » (Quinet, *l'Esprit nouveau*, p. 344 345.)

Il semble que nous nous rapprochions ainsi d'un philosophe auquel il n'est pas possible de ne point penser quand on lit Leopardi, et qui parait au premier abord s'être rencontré avec l'auteur des Dialogues quand il a écrit que le monde n'est qu'un phénomène cérébral. Schopenhauer d'ailleurs, sans avoir versifié, a été poète à son heure, et il y a dans ses pages sur l'art une inspiration qui ressemble fort à la poésie. D'autre part, les idées de Schopenhauer et de Leopardi sont écloses à peu près au même moment : en 1818, pendant qu'à Recanati, Leopardi passait rapidement des préjugés religieux de l'enfance à ses idées désespérées, Schopenhauer partait pour l'Italie et y passait un an, après avoir remis à un éditeur son livre *Du monde considéré comme volonté et comme représentation*, qui devait paraître en 1819 et attendre vingt ans la célébrité. Il est inutile de dire que ces deux hommes, également obscurs alors, ne se rencontrèrent pas ; il est de même à peu près certain que Leopardi ne lut jamais le livre de Schopenhauer, qui ne fut lu par les Allemands eux-mêmes que longtemps après sa publication, et que Schopenhauer ne connut que fort tard [*] le pessimisme d'un penseur qui pendant

---

[*] Leopardi était déjà mort et célèbre quand Schopenhauer introduisit, dans un supplément au livre IV de son grand ouvrage, ces quelques lignes sur l'auteur des *Dialogues*, qui n'avait publié aucune de ses œuvres philosophiques au mo-

fort longtemps fut surtout apprécié, d'après Niebuhr, comme helléniste. Mais il n'est pas besoin de démontrer que ces deux pensées n'exercèrent aucune influence l'une sur l'autre et qu'elles ne furent que contemporaines : elles ne se ressemblent même pas, en aucun point essentiel. D'abord il y a dans le système de Schopenhauer une partie dogmatique qui en est le fondement : c'est premièrement la théorie kantienne sur le monde et l'esprit, et secondement cette théorie de la volonté si particulière à Schopenhauer. Leopardi n'affirme rien et il n'a pas de système, puisque sa philosophie est la négation de tous les systèmes. Schopenhauer veut faire école et, en effet, il fait école. Leopardi, tout en revendiquant le nom de philosophe, tout en disant à plusieurs reprises « ma philosophie », n'écrit pas pour propager sa doctrine, mais il use du droit qu'il a de dire ce que l'expé-

---

ment où parut *le Monde considéré comme volonté et comme représentation* : « Personne n'a traité ces sujets si profondément ni en les épuisant autant que, de nos jours, Leopardi. Il en est tout plein et tout pénétré : partout, se railler et se lamenter de cette existence est son thème, il le présente à chaque page de ses œuvres, mais avec une telle variété de formes et de tours, avec une telle richesse d'images que, loin d'ennuyer jamais, il intéresse, il émeut. » Voir aussi, dans les *Memorabilien*, p. 121, quelques mots sur Leopardi, à la date du 12 février 1859. A cette époque, la pensée de Schopenhauer était formée et son œuvre faite : le pessimisme de Leopardi fut donc sans influence sur le sien.

I.

rience lui a suggéré. Car, et c'est un des points où en apparence il se rapproche de Schopenhauer, il prétend partir de l'expérience : mais au lieu que Schopenhauer recueille un grand nombre d'observations, et essaie de fonder sa doctrine sur ses observations, Leopardi n'en recueille presque aucune et, sincèrement, imagine ce qu'il prétend voir.

Mais, quand Leopardi dit que « l'inutile et dangereuse recherche de l'odieuse vérité » est la cause de nos souffrances, n'entend-il pas, comme le philosophe allemand, non seulement reléguer l'intelligence au second plan, mais la proscrire, comme l'ennemie du repos de l'homme et tendre le plus possible à annihiler la pensée? Non, car Schopenhauer donne un double moyen d'arriver à l'anéantissement, que Leopardi repousserait : c'est d'abord la spéculation qui nous découvre que tout est illusion, découverte qui est un malheur selon Leopardi; puis l'ascétisme qui par l'extinction de l'espèce entrainerait l'extinction de ce phénomène cérébral qu'on appelle le monde. Or Leopardi n'est-il pas d'avis qu'il faut vaincre l'infélicité, non en se dérobant, mais en luttant, et ne semble-t-il pas que l'entrée dans le néant désiré se doive faire, singulière contradiction! par un fier effort de l'intelligence combattant la *fatalité?* « Je foule aux pieds, écrit-il dans un dialogue, la pusillanimité des hommes, je refuse toute consolation et toute tromperie puérile : j'ai le courage de supporter la privation de toute espérance, de regarder intrépidement le désert de la vie, de ne me dissimuler aucune partie de l'humaine infélicité et d'adopter toutes les conséquences d'une philosophie douloureuse, mais vraie. Cette philosophie, à défaut d'autre utilité, procure aux hommes forts la fière satisfaction de voir tous les voiles ôtés à la cruauté cachée et mystérieuse de la destinée humaine. »

Rien n'est plus différent, on le voit, des idées de Schopenhauer que la *fière satisfaction* dont parle Leopardi avec un accent presque stoïcien. La seule ressemblance sérieuse qui rapproche Schopenhauer et Leopardi, c'est que tous deux, en un âge de renaissance et d'espérance, adoptèrent une doctrine désespérée et souhaitèrent, chacun à sa manière, l'anéantissement. Tous deux, au moment où l'Allemagne et l'Italie se relevaient, nièrent le progrès : aussi eurent-ils cette destinée commune que leur voix ne fut guère entendue parmi ces cris d'espérance que proféraient leurs contemporains, et que leur gloire, longtemps douteuse, a encore aujourd'hui, aux yeux de quelques-uns, je ne sais quoi d'incertain et de mal établi.

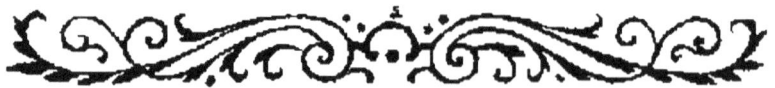

CHAPITRE III.

LES PREMIERS ESSAIS POÉTIQUES DE LEOPARDI.

Leopardi catholique. — L'Essai sur les erreurs. — Les ébauches de poésies.

I

Leopardi catholique.

N nous a toujours montré Leopardi commentant et traduisant les ouvrages grecs que contenait la bibliothèque de son père et renouvelant, à Recanati, les prodiges de précocité qu'on attribue à Pic de la Mirandole et à Visconti. Mais dans le temps même où il publiait des mémoires de philologie et où il composait ces deux odes grecques qui ne pouvaient guère tromper que de naïfs académiciens, sa philosophie s'éveillait en lui. Elle ne devait se fixer qu'en 1820 : mais, dès 1815, cet ado-

lescent était préoccupé de subordonner ses actions et ses pensées à certaines théories; déjà même ses chères études grecques ne paraissent plus tenir la première place dans son esprit. J'en vois la preuve, non pas dans ses premières confidences épistolaires où il n'ose pas tout dire, mais dans ce fragment inédit que nous avons retrouvé parmi d'autres plans et brouillons de poésies. Ce fragment* est l'ébauche en prose d'une poésie où Leopardi aurait conté la vie intellectuelle d'un jeune homme dont la pensée est devenue indépendante : c'est si bien une autobiographie, qu'il s'exprime parfois à la première personne** dans ces notes jetées au hasard : « La chose la plus notable qu'il y avait en lui, écrit-il, chose peut-être unique, c'est qu'en un âge presque enfantin il avait déjà un jugement sûr et fin sur les grandes vérités enseignées par la seule expérience, une connaissance presque entière du monde et de lui-même, de telle sorte qu'il connaissait tout son bien et tout son mal, et la marche (*l'andamento*) de sa nature, et qu'il allait toujours, *au-devant**** de ses progrès; c'est d'après ses connaissances qu'il réglait même ses actions, ainsi que son maintien dans la conversation où il

---

* Voir le fragment intitulé : *Alla vita abbozzata di...*, dans nos *Œuvres inédites* de Leopardi, 1 vol. in 8°, Thorin, 1878.

** *Mio desiderio della vita*, etc.

*** En français dans l'original.

était toujours taciturne, et sans souci de faire montre de soi, chose très étrange dans les jeunes gens instruits au-dessus de leur âge et doués de vivacité (Voyez l'histoire de Corinne dans le roman de ce nom), et chose toute particulière aux hommes de notre.... » Le fragment s'arrête brusquement, laissant la phrase ainsi inachevée : mais il est assez complet pour nous montrer que dès l'enfance de Leopardi sa pensée philosophique germa, confusément d'abord et à l'insu de sa foi religieuse, bientôt irrésistible et victorieuse de cette foi. Rien n'est plus propre à nous montrer quel était l'état d'esprit du jeune Leopardi, au moment où il composa ces ébauches curieuses qu'il a laissées dans ses manuscrits, que l'étude de ce Traité sur les erreurs populaires des anciens, où il se montre encore ardent catholique, mais destiné, sans qu'il s'en doute, à une incrédulité prochaine et rapide.

II

L'Essai sur les erreurs.

A dix-sept ans donc, il eut l'idée de mettre sa jeune érudition au service de la foi, et composa sur les erreurs populaires des anciens un ouvrage assez considérable qui est une apologie indirecte de la religion chrétienne. L'intention de l'auteur est manifeste : il veut montrer combien s'égara la raison humaine dans les ténèbres du paganisme, et prouver que cette raison, pour éviter l'erreur à laquelle elle est condamnée quand elle veut ne compter que sur ses propres forces, doit se réfugier dans la religion, sinon aveuglément, du moins sans esprit d'orgueil et d'indépendance. Le ton dominant est celui d'un Père de l'Église en la première ferveur d'une foi qui lutte contre un ennemi présent avec les armes de la science aussi bien qu'avec celles de la religion : ces armes n'appartiennent pas toujours en propre au pieux lutteur ; c'est parfois à l'adversaire qu'il les a dérobées pour s'en servir contre l'adversaire lui-même ; c'est la littérature païenne, la doctrine païenne, l'art païen, qu'il tourne contre le paganisme. Ainsi, Leopardi se sert des poètes et des philosophes de l'antiquité, surtout des poètes qu'il connaissait mieux, les aimant davantage, contre les faux dieux de la Grèce et de Rome. Car, sous le nom d'erreurs populaires, c'est tout le système païen qu'il combat. Pour lui, qui n'a guère vécu que parmi les anciens et qui n'a guère échangé d'idées qu'avec leurs livres, ce système est encore récent, encore redoutable. On dirait presque qu'il craint d'avoir altéré sa foi religieuse dans cet entretien quotidien avec l'antiquité. Ces anciens si aimables n sont pas seulement des anciens pour le vrai croyant, ils sont aussi des païens. Homère et Virgile, pour grands poëtes qu'ils sont, n'en demeurent pas moins des « Gentils ». Le jeune chrétien ne l'oubliera pas, il ne peut l'oublier. Il mettra en lumière ces honteuses erreurs de l'esprit antique, et principalement les erreurs théologiques, qui sont capitales. « Il est bien douloureux, écrit-il en tête du premier chapitre de son Essai, de commencer l'histoire des préjugés des Anciens par celui qui les perdait sans remède. Les énormes erreurs des Anciens à l'endroit de la Divinité devraient suffire pour soulever tout homme sage contre les funestes préjugés des peuples. Poussés plus par la crainte que par un transport secret vers cet Être que l'on ne peut connaître sans l'aimer (et l'on ne peut vivre sans le connaître), nos aïeux firent de ce culte, qui contente si abondamment les cœurs raisonnables et sensibles, un objet d'exécration et de sacrilège. Ils refusèrent à la Divinité ce qui lui appartenait et lui attribuèrent ce dont le plus abject des hommes aurait rougi. Ils élevèrent des autels aux passions, divinisèrent les infamies, offrirent des sacrifices aux animaux les plus vils. La volupté, la débauche, la pâleur, la fièvre, la tempête eurent des temples et de l'encens[*]. » De là viennent toutes les erreurs des anciens, leurs

---

[*] *Saggio sopra gli errori*, p. 13.

préjugés bizarres et leurs monstrueuses superstitions; ou plutôt, dans la pensée de Leopardi, ces erreurs ne sont au fond que des superstitions*, puisqu'elles résultent toutes d'une erreur théologique; il suffit, pour qu'elles s'écroulent, qu'on les rapproche de la Vérité chrétienne.

Sans doute il essaie plus d'une fois de les réfuter par la seule raison, bien qu'il ait déclaré en commençant qu'elles ne valent pas qu'on les réfute, mais il a soin de nous faire ressouvenir aussitôt que cette raison, qu'il appelle à son aide, a été éclairée et comme consacrée par la religion. Seule la religion est toute-puissante pour remédier aux inévitables défaillances de la raison humaine, et, si quelques-unes des moins graves de ces erreurs ont subsisté malgré la venue du Christ, ce n'est point la faute de l'Eglise, « qui n'a jamais approuvé aucune superstition**, » c'est plutôt que

---

* Il le déclare même expressément dans le dernier chapitre de l'*Essai* « A la superstition appartient ce que nous avons dit des erreurs dans lesquelles les anciens tombèrent relativement aux Dieux, aux oracles, à la magie, aux songes, à l'éternuement, aux esprits subalternes, aux éclipses, aux comètes, au tonnerre, aux éclairs, aux vents, aux tremblements de terre. Ils ont été les victimes de ces erreurs, et tant de millions d'hérétiques, élevés dans des maximes fausses qu'ils crurent impie de mépriser, sont encore maintenant victimes des préjugés religieux qu'ils ont sucés avec le lait (p. 300). »

** *Saggio*, etc , p. 33.

l'erreur était trop vieille et trop enracinée pour qu'en ces quelques siècles la victoire de l'Église ait pu être complète sur tous les points et dans les plus petits détails. Quoi qu'il en soit, « vivre dans la vraie Église est le seul remède contre la superstition. Une erreur considérable ne peut naître et se propager dans le sein de l'Église sans être bientôt examinée et bannie, ou au moins rendue manifeste et déclarée erreur en face de l'univers. Bien légers sont les préjugés et bien peu dangereuses les superstitions qui peuvent prendre racine dans une Église qui est le siège de l'ordre et de l'unité, l'ennemie capitale de l'erreur*. » Leopardi ne perd jamais de vue cette Église qui est en possession de la vérité, et si parfois, dans son Essai, il s'attarde à des citations de Virgile et de Lucrèce plus que ne l'exige son sujet, le charme de cette poésie, à laquelle personne peut-être ne fut plus sensible que lui, ne l'empêche pas de tourner la tête à chaque instant vers la lumière qui doit guider toute recherche, vers ce christianisme à la glorification duquel il veut, lui aussi, élever un monument. Aussi n'y a-t-il rien qui surprenne dans les pieuses et ardentes paroles qui forment la conclusion de l'Essai sur les erreurs populaires des anciens. Le livre avait commencé par un hommage à la religion, il s'était continué, pour ainsi

---

* *Ibid.*, p. 300.

dire, sous la tutelle de la religion, il se termine naturellement, sans qu'il y ait besoin d'une transition, tant on s'attendait à cette sorte de péroraison, par un élan d'enthousiasme pieux, par un cri de foi triomphante : « Religion très aimable ! il est doux de pouvoir terminer en parlant de toi ce qu'on a commencé pour faire quelque bien à ceux qui reçoivent chaque jour des bienfaits. Il est doux de pouvoir conclure avec une âme ferme et assurée qu'il n'est point philosophe celui qui ne te suit pas et ne te respecte pas, et que quiconque te suit et te respecte est philosophe. J'ose dire qu'il n'a pas de cœur, qu'il ne sent pas les doux frémissements d'un amour tendre, qui satisfait et qui ravit, qu'il ne connaît pas les extases où jette une méditation suave et touchante, celui qui ne se sent pas entraîné vers l'objet ineffable du culte que tu enseignes. En apparaissant dans la nuit de l'ignorance, tu as foudroyé l'erreur, tu as assuré à la raison et à la vérité un siège qu'elles ne perdront jamais. Tu vivras toujours, et l'erreur ne vivra jamais avec toi. Quand elle nous assaillira, quand, nous couvrant les yeux d'une main ténébreuse, elle nous menacera de nous précipiter dans les abîmes obscurs que l'ignorance creuse devant nos pieds, nous nous tournerons vers toi et nous trouverons la vérité sous ton manteau. L'erreur fuira comme le loup de la montagne poursuivi par le berger et ta main nous conduira au salut*. » Assurément, il y a quelque emphase dans ces exclamations et quelque vulgarité dans ces métaphores. Mais, si Leopardi est inhabile à rendre sa pensée, il est visible qu'il ne cherche pas à l'exagérer. Ici, comme toujours, il est sincère, avec une naïveté enfantine dont la perte de la foi religieuse le dépouillera bien vite. Que l'on partage ou non les sentiments de ce chrétien de dix-sept ans, on souhaiterait presque que cette âme, qui était réservée à tant de douleurs, eût pu se reposer au moins quelque temps dans cette sécurité des croyances héréditaires. On sent qu'alors elle avait rencontré, dans cette alliance fragile et imprudente de sa science et de sa foi, une satisfaction et une allégresse que bientôt elle ne pourra et ne voudra même plus espérer. Glorifiée par d'érudites comparaisons, la religion apparaît à l'auteur de l'Essai plus éclatante encore et plus indiscutable : la foi de Leopardi est, pour ainsi dire, à son apogée.

Néanmoins, il est à la veille de ne plus croire, car, si cet écrit marque le plus haut degré auquel s'élevèrent ses sentiments religieux, il renferme aussi, bien à l'insu de l'auteur, des germes d'incrédulité qui vont se développer irrésistiblement. L'œuvre en elle-même n'est d'ailleurs pas assez forte pour qu'il puisse, s'il vient à douter, y

---

* *Saggio*, page dernière.

chercher, pour raffermir ses croyances, une argumentation sérieuse qu'il n'y a point mise. Le plan est défectueux, la méthode incertaine ou plutôt absente, et le raisonnement n'est presque jamais rigoureux. Les termes mêmes sont si mal définis que, dans tout l'ouvrage, Leopardi emploie indifféremment, dans un même sens, les mots de préjugés et d'erreurs, et ne songe à les définir qu'aux dernières pages ; là, donnant tort à son livre et au titre de son livre, il déclare qu'il n'a voulu parler que des préjugés des anciens et non de leurs erreurs. Ce n'est pas que son esprit, qui fut dans la suite l'un des plus exacts qu'on ait vus, n'eût pas encore atteint l'exactitude : c'est que le zèle du croyant et l'ardeur même de sa conviction ne lui laissaient pas le loisir d'enchaîner étroitement ses conclusions religieuses à ses remarques érudites. Il avait une telle hâte de faire hommage à la religion des observations rapportées de ses voyages féconds dans l'antiquité, qu'il ne s'attardait pas à examiner si ses observations étaient parfaitement conciliables avec la vérité chrétienne, et si plus d'une des objections, dont le croyant triomphait si rapidement, n'allait pas se redresser le lendemain devant le penseur, et lui faire voir des affirmations sans preuve, des incertitudes, des contradictions, et comme il dit « des abîmes », là où il n'avait vu qu'un terrain solide et sans obstacles.

Mais ce qui sera plus dangereux pour sa foi que

ces faiblesses et ces négligences, c'est l'esprit critique qui perce dans quelques parties de l'Essai. Ainsi il approuve et s'approprie contre le paganisme cette phrase qu'il a trouvée dans une de ses lectures* : « J'aime mieux la vérité avec le vulgaire, que l'erreur avec les hommes les plus doctes de l'univers. » Il ne voit pas qu'on pourra la tourner contre le christianisme. Chaque fois que l'exaltation religieuse lui laisse, pour ainsi dire, un moment de répit, il proteste de son amour pour le vrai, et tous les endroits que n'envahit pas l'expression de ses sentiments religieux sont remplis de l'éloge de la science et du progrès. Ici il déclare que quand les sciences étaient dans l'enfance, les hommes étaient également dans l'enfance. Là, il se plaint de ce que « la plus grande partie du genre humain sera toujours presque entièrement insensible au progrès des sciences**. » Sans doute, si plus tard l'ironique incrédule avait relu cette œuvre de sa première jeunesse, qu'il oublia ou plutôt dont il crut le manuscrit perdu, il aurait rayé impitoyablement ces mots « Le progrès des sciences, » « l'amour de la vérité, » lui qui fit profession de ne plus croire même à cette morale élémentaire qui puise ses forces principalement dans la croyance au progrès et dans l'amour de la

---

* *Saggio*, p. 105.
** *Ibid.*, p. 116.

vérité. Mais l'incrédulité dont on trouve les principes dans l'Essai ne semble pas devoir se porter au delà des choses religieuses, ni être incompatible avec une philosophie plausible et, si l'on peut parler ainsi, acceptable. Et pourtant, dès cette époque, l'idée de la négation du progrès traverse un instant l'esprit de Leopardi comme une fantaisie bizarre à laquelle il ne faut pas s'arrêter. Après avoir constaté que parfois, à de longs intervalles, des erreurs jadis repoussées, paraissent revenir, il ajoute : « Cette réflexion nous amènerait à penser qu'en fait de connaissance l'esprit humain ne parcourt pas une ligne droite infiniment étendue, mais un cercle limité, et que de temps en temps il revient nécessairement au même point. Les observations que quelques intelligences troublées ont faites sur l'antiquité d'un grand nombre de découvertes oubliées dans la suite, et regardées aujourd'hui comme récentes, pourraient venir à l'appui d'une déduction qui, pesée mûrement, nous ferait considérer comme illusoire l'idée des progrès quotidiens de l'esprit humain, mettrait dans sa lumière cette parole, si souvent répétée du plus sage des rois, *Nihil sub sole novum**, nous ferait regarder comme impossible l'accroissement de la masse des connaissances, et mènerait peu à peu le philosophe au désespoir.

---

* *Eccl.*, ch. I, v. 10.

Pour éviter cet inconvénient, évitons ces tristes images*. »

On voit que ce « désespoir », dont Leopardi devait faire comme son système, est en germe dans la confusion de ces premiers essais. Ce paradoxe dangereux, il le repousse, mais il ne le réfute pas. Il le retrouvera plus tard dans sa pensée devenue indépendante des croyances religieuses. Quant à sa foi, on comprend maintenant pourquoi elle s'éteignit presque aussitôt après qu'elle eut jeté cette lueur si vive. Dans ces recherches faites, en quelque sorte, au nom de la Religion, s'était développé l'esprit critique qui produira plus tard les œuvres morales. La prière qui termine l'Essai est peut-être la dernière que Leopardi ait prononcée, sinon des lèvres, du moins avec son cœur.

* *Saggio*, p. 149.

II

Les ébauches de poésies.

Nous ne voulons pas dire, en signalant ainsi cette incrédulité prête à paraître, que Leopardi ait jamais senti, étant encore croyant, qu'il allait perdre la foi ; nous avons déjà dit qu'il ne connut pas le doute et qu'il passa tout d'un coup de la croyance à l'incrédulité. C'est à son insu, nous le répétons, que sa philosophie germe déjà dans son Essai. La même sincérité se rencontre dans les ébauches de poésies, intitulées *Projets d'hymnes chrétiens,* que nous avons publiées ailleurs et dont Sainte-Beuve avait déjà parlé. L'auteur de ces hymnes, qui évidemment sont de très peu postérieurs à l'Essai sur les erreurs, est pieux encore et ne s'est point aperçu de la vanité de ses croyances. Pourtant le sentiment de l'*infélicité* a grandi dans son esprit. Sa philosophie est prête. Mais les remarques pessimistes qu'il a faites ne l'inquiètent pas. N'a-t-il pas, lui chrétien, la certitude que la religion lui répondra, le rassurera, expliquera souverainement ce mystère de la douleur humaine?

On est malheureux, on souffre. Qu'importe ? Il suffira de se tourner vers Dieu, vers la Vierge, vers les saints, et de prier. Leopardi n'a pas eu un doute religieux ; il a laissé son esprit faire librement, à l'abri de cette religion qui a réponse à tout, cette enquête sur l'infortune de l'homme qui est d'autant plus hardie qu'elle ne se croit pas impie. L'enquête est faite ; c'est à la religion maintenant de donner la raison de ces choses contradictoires.

Cet appel confiant à la religion devait s'exprimer en une série de poésies pieuses, chants d'espérance, chants d'allégresse d'une âme heureuse d'avoir contre les choses d'ici-bas ce refuge indestructible. Mais voilà que, pendant que le poète ébauche ces poèmes, il s'aperçoit tout d'un coup que la religion est fausse, qu'il n'y a point de Vierge consolatrice, d'Apôtres secourables, ni de Rédempteur souverain. Ces questions mêmes qu'il a posées à la foi et qui devaient glorifier la foi lui ont montré la vanité du christianisme, et si rapide est cette vue qu'il n'achève même pas ces poésies commencées. Quelques phrases en prose, des plans vagues et confus, des indications incomplètes, c'est tout ce qu'il a eu le temps d'écrire. Ces ébauches qu'il avait commencées croyant, il était incrédule quand il les a laissées.

Sainte-Beuve dit que « ce simple canevas respire encore les mêmes sentiments de piété affectueuse qu'exprimait la conclusion de l'Essai. » Sans doute, ce « canevas » respire une piété, sinon affectueuse, du moins profonde ; mais ce qui fait l'originalité et l'intérêt dramatique de ce fragment analogue pour la forme aux fragments de Pascal, c'est que le pessimisme de Leopardi s'y trahit au sein de la piété et de la foi et qu'on devine à ces accents douloureux que Leopardi va cesser de croire : « Tu savais déjà tout depuis l'éternité, dit-il au Rédempteur, mais permets à l'imagination humaine que nous te considérions comme le plus intime témoignage de nos misères. Tu as éprouvé cette vie qui est la nôtre, tu en as connu le néant, tu as senti la douleur et *l'infélicité de notre être,* etc., etc. Pitié pour tant de peines, pitié pour cette pauvre créature qui est tienne, pitié pour l'homme malheureux, pour celui que tu as racheté, pitié pour ta race, puisque tu as voulu être de la même race que nous, être homme, toi aussi. » Et, dans un projet d'hymne au Créateur, cette prière ne contient-elle pas toute son incrédulité inconsciente ? « Maintenant je vais d'espérance en espérance, errant tout le jour, et je t'oublie, bien que toujours trompé, etc. Un temps viendra où, n'ayant plus d'autre lueur d'espérance, d'autre état auquel recourir, je mettrai toute mon espérance dans la mort, et alors je recourrai à toi, etc., etc. Aie alors miséricorde, etc. » « Il est vrai, dit-il encore à la vierge Marie, que nous sommes tous méchants, mais nous ne jouissons pas de notre méchanceté; nous sommes si malheureux ! Il est vrai que cette vie et ces maux sont brefs et nuls ; mais nous sommes petits et ils deviennent pour nous très longs et insupportables. Toi qui es grande et..., aie pitié de tant de misères. » Nous ne serions pas surpris que Leopardi ait eu plus tard de ces fragments l'opinion que nous en avons et qu'il les ait considérés comme un monument curieux de l'histoire de sa pensée. Pourquoi, en effet, les aurait-il transcrits dans ce *supplemento* qu'il remit à M. de Sinner et qui est certainement postérieur[*] à l'époque où il était encore croyant ? N'a-t-il pas voulu nous montrer et se rappeler lui-même combien rapidement sa foi fut ruinée par la vue des misères humaines, au moment même où le sentiment de ces misères allait s'exprimer en une poésie ardemment catholique ?

Nous croyons également que la même pensée nous a conservé les autres ébauches d'adolescent que nous avons éditées. Voici d'abord le fragment sur la vie intellectuelle d'un jeune philosophe, dont nous avons parlé plus haut, et qui est comme un avertissement de la fragilité des croyances re-

---

[*] Il avait, en effet, déjà imprimé au moins une partie de ses œuvres Car il écrit ceci « Sur les poésies imprimées. — On devra faire main basse sur les points d'admiration, usage inutile et moderne. »

ligieuses exprimées dans les projets d'hymnes chrétiens. Viennent ensuite trois ébauches poétiques, d'inégale importance, mais sur lesquelles on ne comprend guère que Sainte-Beuve, si complet d'ordinaire, ait gardé le silence. Ces ébauches sont intitulées : *Alla canzone sulla Grecia, All' abbozzo dell' Erminia,* et *Il primo delitto o la vergine guasta.*

La seconde ébauche, *Herminie*, écrite sans doute dans le premier enthousiasme d'une lecture du Tasse, est assez obscure, mal composée, autant qu'on en peut juger, intéressante cependant en ce qu'elle prouve, comme nous aurons à le répéter souvent à propos des poésies patriotiques, combien Leopardi, tant qu'il n'eut pas obéi à sa vraie inspiration, eut besoin d'imiter, ou tout au moins de suivre une voie déjà tracée.

La même remarque s'applique à la *Canzone sulla Grecia*, qui doit être de 1819. Il était déjà de mode de s'intéresser aux Grecs, de chanter les Grecs : Leopardi veut, lui aussi, chanter les Grecs. Il s'adresse, dit-il, « aux princes de l'Europe, maudissant leur politique qui les empêche de porter secours à la pauvre Grèce, cette même politique, qui leur fait supporter l'indigne piraterie des barbaresques, et les priant de s'émouvoir une fois (comme Mustoxidi dans sa *canzone* bien connue), etc. — Fait des Parganiottes qui, en 1819, abandonnèrent toute l'île (*sic*) de Parga leur patrie, qui fut cédée par les Anglais aux Turcs. — V. les gazettes de juillet de cette année. » Avons-nous à regretter que ce canevas banal n'ait pas été rempli ? L'étude des poèmes sur l'Italie nous montrera quelle œuvre douteuse et mêlée eût été peut-être cette *canzone* à la Grèce. Et la *Vergine guasta,* sujet inspiré par un événement récent qui s'était passé à Recanati, n'eût-elle pas été faite, non de main d'ouvrier, mais de main d'écolier et d'imitateur ? En voici le plan :

« Poésie de n'importe quelle sorte. Plusieurs traits de sentiments peuvent être pris dans Horace, ode 27, l. III, où, avec beaucoup de vérité, il exprime sommairement les pensées d'une enfant dans cet état. Et notez particulièrement ce désir de la mort et ce courage (*utinam inter errem,* etc.), qui lui fait vraiment désirer à ce moment d'être plutôt taillée en pièces, courage provenant du remords et qui se trouve aussi chez les femmes et chez les jeunes filles. »

Il n'y a rien d'original dans cette matière inspirée par Horace et traitée, avant Leopardi, par Moschus, par Properce, par J.-J. Rousseau et par Lebrun. Nous y voyons exposés théoriquement quelques-uns des procédés de travail par lesquels, dans les poésies optimistes, Leopardi essaie de masquer la pauvreté de sa veine. La *Vergine guasta* nous prépare naturellement à l'étude des poésies patriotiques.

Cependant, on aperçoit déjà l'idée fixe de Leopardi dans cette phrase inattendue : « Et notez particulièrement ce désir de la mort, etc. » Nous le rencontrerons plus d'une fois, ce désir de la mort, dans les dernières poésies; mais ici, il n'est encore qu'une pensée qui s'ignore ou qui a peur d'elle-même, et il sera curieux, après avoir lu la pièce *Amore e morte*, de se rappeler que ce désir de la mort, dont le philosophe cherche subtilement la racine dans l'amour, provenait, pour le poète croyant, des sentiments qui le produisent naturellement, par exemple du remords.

CHAPITRE IV.

LES POÉSIES PATRIOTIQUES.

Caractère général des poésies patriotiques — All' Italia; Leopardi imitateur de Petrarque. — Sopra il monumento di Dante. — Ad Angelo Mai; progrès de la pensée pessimiste. — Nelle nozze della sorella Paolina et A un vincitore nel pallone.

I

Caractère général des poésies patriotiques.

ES premières *Canzoni* sont écrites à la gloire du patriotisme de la même façon et à peu près dans la même mesure que l'Essai sur les erreurs avait été écrit à la gloire de la religion. A une espérance encore sincère, à un amour semblable à celui que tous les Italiens avaient porté à leur patrie, depuis Dante, se mêlent des

germes de scepticisme, d'incrédulité, plus visibles et plus formés que ceux que nous avons déjà entrevus. Dante et Pétrarque ont été, quand ils ont chanté leur patrie, pour ainsi dire optimistes : ils ne se sont pas bornés à l'adorer dans le passé, à la pleurer ou à l'admirer dans le présent : ils l'ont aimée dans l'avenir. A leurs heures de découragement les plus sombres, ils ne l'ont jamais considérée comme morte. L'Italie est trop grande pour périr : c'est là le dernier mot de leurs poésies. Une espérance passionnée, douloureuse, ballottée au gré des événements, mais surnageant toujours et ne s'abandonnant jamais, voilà l'esprit de la Divine Comédie et des trois immortelles *Canzoni*. Qui aime vraiment sa patrie, croit en elle. Si la Pologne n'était pour ses fils qu'un souvenir, il n'y aurait plus de Polonais. Or, vers 1820, précisément à une époque où dans toute l'Europe ranimée les poètes parlaient d'espérance, quiconque en France ou en Allemagne lisait les poésies des prédécesseurs ou des contemporains de Leopardi, devait se dire, même après la lecture des *Sepulcres* : « Il y a encore des Italiens. » Ceux même qui s'obstinaient à croire que l'Italie n'était qu'une expression géographique, devaient s'avouer que ces hommes avaient l'espérance bien vivace. Au contraire, l'impression qu'on eût retirée des *canzoni* de Leopardi, si elles n'eussent pas alors été presque ignorées, n'aurait-elle pas été celle-ci :

« L'Italie est perdue ; elle a compris enfin que tout est fini pour elle et qu'elle n'a plus qu'à pleurer?

> Si che sparte le chiome e senza velo
> Siede in terra negletta e sconsolata,
> Nascondendo la faccia
> Tra le ginocchia e piange. »

Et en effet, qu'avait-il à lui dire de vivifiant, à l'Italie, ce poète qui n'avait pas seulement perdu la foi de Manzoni, mais qui allait nier bientôt jusqu'au progrès, et ne garder qu'une espérance, la mort ou plutôt le néant? Pourquoi, lui aussi, était-il attiré vers la patrie italienne à laquelle sa naissante philosophie allait lui défendre de croire? « Voici, dit-il, dans l'ode sur le monument de Dante, que, désireux moi aussi d'honorer notre mère dolente, j'apporte ce que je puis, et je mêle mon chant à votre œuvre :

> Ecco voglioso anch'io
> Ad onorar nostra dolente madre
> Porto quel che mi lice,
> E mesco all'opra vostra il canto mio. »

C'est qu'au sortir de ses longues études antiques il avait séjourné longtemps dans le quatorzième siècle. Comme jadis Chiabrera, il avait vécu surtout avec Pétrarque. Car si, de même que tous les grands Italiens, il est rempli de Dante, ce père du génie italien et pour ainsi dire de l'Italie, il aime plus que qui que ce soit et possède ce Pétrarque qu'il devait commenter. Il déclare, à plusieurs reprises, qu'il ne connaît rien de plus éloquent que les trois *canzoni* : *O aspettata, Spirto gentil, Italia mia**. Les ressemblances entre ces odes et celles de Leopardi sont si abondantes et si frappantes qu'à une première lecture on serait tenté de croire que c'est la même voix qui profère, à quatre siècles d'intervalle, le même appel à la patrie italienne. D'ailleurs, il y a de grandes analogies entre les habitudes d'esprit et quelques-uns des sentiments de Pétrarque et de Leopardi. Ainsi tous deux ont été des anciens, des Romains ou des Grecs, avant d'être des Italiens. Comme Leopardi, Pétrarque ne quitta jamais la compagnie des génies antiques ; s'il ne put qu'entrevoir la Grèce, il vécut avec Tite-Live, Cicéron et Virgile, dont il s'opiniâtrait à penser que la langue n'était pas morte. Comme Leopardi, et avec un peu moins de mesure, il tient, à la manière dantesque, les Romains pour des ancêtres directs. Ce sont les mêmes hommes qui habitent le même pays ; l'invasion des barbares n'a fait que passer sur le sol sacré. Les « grands Scipions », le « loyal Brutus », ainsi que Fabricius, se glorifient de Rienzi, comme d'un arrière-neveu.

---

* Voir les *Pensées inédites*, n° 9.

La matière est donc la même dans les deux poètes. Mais combien l'inspiration diffère! Toute l'âme de Pétrarque a passé dans ces quelques odes : le patriote et le poète y sont tout entiers. On y sent presque l'homme d'État : l'ode à Rienzi est un véritable acte politique. Les deux autres odes, si elles eurent moins d'influence sur les choses et les hommes de ce temps, n'en sont pas moins comme des professions de foi et des manifestes, que l'autorité personnelle de Pétrarque, aussi bien que son génie poétique rendirent considérables aux yeux de ceux qui rêvaient le relèvement de l'Italie. Ces appels à la conciliation, qui auraient eu de si graves résultats s'ils eussent été écoutés par les princes et les grands, furent des événements qui ont eu du retentissement dans l'histoire. Quand Pétrarque élève la voix, que ce soit dans une lettre en prose latine ou dans une *canzone* en langue italienne, on sent qu'un chef de parti écouté et autorisé prend la parole. Jamais poète ne fut plus que lui l'interprète d'une élite généreuse, pressentant dans les hontes du présent les gloires de l'avenir, dans les tâtonnements téméraires et les audaces avortées d'un tribun vaniteux la fermeté prudente et l'énergie féconde des hommes d'État de notre siècle.

Au contraire, quand Leopardi pense et écrit ses odes, il est aussi isolé des âmes que des hommes, de l'avenir que du présent. C'est à lui-même qu'il parle et qu'il répond, ou à quelque âme pareille, s'il en existe. Ce soliloque poétique a lieu dans la bibliothèque de son père, au milieu de ces Grecs et de ces Trécentistes dont il est l'élève. Ses *canzoni* sur la patrie ont une date, puisque l'occasion, surtout pour trois d'entre elles, en est donnée par les événements contemporains; mais l'inspiration et le dessein en sont en quelque sorte en dehors du temps. Elles ne songent pas à être utiles, ni à distribuer à la foule la flamme patriotique que leur auteur a cru emprunter à Pétrarque. Il nous semble voir, dans ces poèmes, comme un dernier entretien de Leopardi avec cette patrie qu'il aime, comme il a aimé la religion, un adieu à cette idole dont il va confesser la vanité en ne la nommant plus dans son œuvre. Il ne se tourne pas vers le public : ces plaintes ne vont que de lui à l'Italie, femme désolée, selon la mode traditionnelle, captive, les yeux pleins de larmes, et qui demain peut-être ne sera plus qu'une de ces chimères envoyées sur la terre pour leurrer les hommes.

Cette négation de la patrie, conséquence de la négation de l'avenir de la patrie, est plutôt dans l'esprit que dans les expressions mêmes du poète : mais d'abord confuse et comme s'ignorant, elle finit par se dégager invinciblement de l'insistance avec laquelle Leopardi ramène le lecteur aux motifs de ne pas croire en l'Italie. Il a pris la plume pour traiter un thème traditionnel et comme obligé : l'Italie, et, pendant qu'il écrit, il oublie peu à peu la tradition pour en venir à sa pensée personnelle. Plus il avance dans ces chants, dont l'objet est en contradiction avec ses idées, plus ses idées se développent par cette contradiction même. Il y a même dans le dessein des premières odes un progrès facile à saisir : la philosophie de Leopardi, cachée mais présente dans la première, se montre dans la seconde, paraît tout à fait dans la troisième, éclate dans la quatrième et dans la cinquième, si bien qu'on arrive tout préparé à l'ode VI, qui n'est autre que le *Brutus*. L'imitateur de Pétrarque et de Simonide, si préoccupé d'autrui dans ses premiers vers, abandonne en route, à chaque ode, presque à chaque strophe, quelque chose de la tradition, et, saisi, bientôt possédé, par sa pensée, laisse échapper, avant même d'avoir écrit le *Brutus,* sa fameuse conclusion : Rien n'est vrai que la douleur.

Il est donc sincère quand il exalte l'idée de patrie et sincère aussi quand il la ruine. Ce qui est admirable, c'est qu'il cesse de croire au moment même où il fait un acte de foi. Mais si une telle poésie nous intéresse en nous renseignant sur l'état psychologique du poète, elle ne nous émeut guère au sujet de l'Italie. La sincérité n'y fait jamais défaut, mais la vérité en est souvent absente. C'est bien là Leopardi cherchant sa voie et sur le point d'y entrer par un détour, mais ce n'est pas l'Italie de 1820, captive et jamais résignée. Sans doute il n'est guère possible d'accuser Leopardi de déclamation, lui qui ne mentit jamais et qui aima la simplicité presque à l'excès : mais déclamer, ce n'est pas toujours mentir; ce n'est pas même toujours être enflé dans son style. Or, s'il y a de la déclamation dans l'expression lyrique d'un sentiment qui est devenu ou qui est sur le point de devenir étranger à celui qui l'exprime, on peut dire qu'il se rencontre quelque chose de semblable dans la première ode, où la tradition domine; que ce défaut s'atténue dans la seconde, et va disparaissant à mesure que paraît et grandit la pensée intime de Leopardi, c'est-à-dire sa philosophie.

II

All' Italia; *Leopardi imitateur de Pétrarque.*

La première ode, qui est intitulée *All' Italia*, se divise en deux parties bien distinctes : dans la première, qui est inspirée par l'école lyrique dont Petrarque est le chef, nous sommes en Italie, en face des antiques monuments qui font ressortir les misères présentes, pendant que les fils de l'Italie combattent loin de leur pays pour le compte de l'étranger; dans la seconde, qui est un souvenir des études helléniques de Leopardi, nous sommes en Grèce, aux Thermopyles, et Simonide chante des héros qui ne ressemblent guère aux hommes du jour.

Les deux premières strophes sont les plus éclatantes de ce poëme; elles sont aussi les plus populaires en Italie. Les voici :

« O ma patrie, je vois les murs, les arcs, les colonnes, les statues et les tours désertes de nos aïeux; mais leur gloire, je ne la vois pas; je ne vois ni le laurier ni le fer que ceignaient nos pères antiques. Aujourd'hui, désarmée, tu montres un front nu, une poitrine nue. Hélas! quelles blessures! quelle pâleur! que de sang! Oh! dans quel état je te vois, femme très belle! Je demande au ciel et au monde : Dites, dites, qui l'a réduite à ce point? Et ce qui est pis encore, elle a les deux bras chargés de chaînes! Les cheveux épars et sans voile, elle s'est assise à terre, abandonnée et désespérée : elle cache sa figure entre ses genoux et elle pleure. Pleure, car tu as bien de quoi pleurer, mon Italie, toi qui est née pour vaincre les nations dans la bonne fortune et dans la mauvaise.

« Quand même tes yeux seraient deux sources vives, jamais tes larmes ne pourraient égaler ta misère et ton déshonneur; car tu as été maîtresse et tu es maintenant une pauvre servante. Qui parle de toi, qui écrit sur toi, sans se souvenir de ton passé et dire : elle a été grande jadis et maintenant elle ne l'est plus? Pourquoi? pourquoi? Où est la force antique? où sont les armes, la valeur et la constance? Qui t'a arraché ton épée? Qui t'a trahie? Quel artifice, quel effort, quelle si grande puissance a pu te dépouiller de ton manteau et de ton bandeau d'or? Comment et quand es-tu tombée d'une telle hauteur en un lieu si bas? Personne ne combat pour toi? aucun des tiens ne te défend! Des armes! donnez-moi des armes! Je combattrai seul, je tomberai seul. Fais, ô ciel, que mon sang soit du feu pour les poitrines italiennes.

  O patria mia, vedo le mura e gli archi
  E le colonne e i simulacri e l'erme
  Torri degli avi nostri,
  Ma la gloria non vedo,
  Non vedo il lauro e il ferro ond'eran carchi
  I nostri padri antichi. Or fatta inerme,
  Nuda la fronte e nudo il petto mostri.
  Oimè quante ferite,
  Che livedor, che sangue! oh qual ti veggio,
  Formosissima donna! Io chiedo al cielo,
  E al mondo : dite, dite.
  Chi la ridusse a tale? E questo è peggio,
  Che di catene ha carche ambe le braccia
  Si che sparte le chiome e senza velo
  Siede in terra negletta e sconsolata,
  Nascondendo la faccia
  Tra le ginocchia, e piange.
  Piangi, che ben hai donde, Italia mia,

Le genti a vincer nata
Et nella fausta sorte e nella ria.

Se fosser gli occhi tuoi due fonti vive,
Mai non potrebbe il pianto
Adeguarsi al tuo danno ed allo scorno,
Che fosti donna, or sei povera ancella.
Chi di te parla o scrive,
Che, rimembrando il tuo passato vanto,
Non dica : già fu grande, or non è quella?
Perchè, perchè? dov'è la forza antica,
Dove l'armi e il valore e la costanza!
Chi ti discinse il brando?
Chi ti tradì? qual arte o qual fatica
O qual tanta possanza
Valse a spogliarti il manto e l'auree bende?
Come cadesti o quando
Da tanta altezza in così basso loco?
Nessun pugna per te? Non ti difende
Nessun de tuoi? L'armi, qua l'armi, io solo
Combatterò, procomberò sol io.
Dammi, o ciel, che sia foco
Agl' italici petti il sangue mio. »

De tels vers plaisent assurément par quelque chose de plus séduisant encore que l'harmonie, la savante disposition des rimes et l'aisance avec laquelle le poëte se joue des règles difficiles de cette versification chère aux trecentistes : on y croit voir tout d'abord un sentiment profond et original des misères de la patrie. De telles figures semblent trop vives pour ne pas être neuves. Ces exclamations ne sont-elles pas des cris partis du cœur? Et ce mouvement tragique de la fin ne ravit-il pas notre sympathie, quand, indigné de la lâcheté de ses contemporains, le poëte s'écrie : « Des armes! donnez-moi des armes! Je combattrai seul, je tomberai seul! » L'émotion du lecteur redouble quand il songe aux infirmités de Leopardi et que cet Italien qui veut mourir pour l'Italie est un enfant chétif, déjà dévoré par le génie et la maladie. Mais quand on avance dans la lecture des poésies, quand, après le *Brutus*, on arrive à la *Ginestra*, on s'étonne de sentir s'effacer dans son esprit, sans pouvoir la ressaisir, l'impression qu'on a reçue de l'ode à l'Italie, et quand, le volume fini, l'âme pénétrée de ces chants de douleur, on revient à la première ode, soit pour corriger l'amertume des dernières, soit pour faire ressortir par le sombre désespoir de la fin l'éclatant enthousiasme du commencement, on est bien surpris de voir que cette flamme brille sans échauffer, et de rester froid, en dépit du désir d'admirer. Ces images, si aimables d'abord, paraissent plus élégantes que belles, et ces couleurs, qui éblouissaient, ont pâli. On se dit qu'en lisant la *Ginestra*, on était entré dans l'âme même du poëte, dans sa « pensée dominante », dans cette pensée qui fait battre son cœur et féconde son imagination : maintenant, il semble que, fermant son âme ou l'ignorant, il répète avec art un rôle pour lequel il n'est point fait.

Si ensuite on revient à Pétrarque, si on relit par

exemple l'ode aux Grands d'Italie, et que, franchissant trois siècles et jetant en chemin les yeux sur Chiabrera, Testi et Filicaja, on arrive à Alfieri, à Monti, à Foscolo, et que l'on s'arrête quelque temps à Manzoni*, on sent alors que cette ode ne peut toucher profondément** que ceux qui ne connaissent ni Leopardi ni les lyriques italiens. Elle prend l'aspect d'un lieu commun, plus intéressant sans doute que cet Etna qui faisait venir l'eau à la bouche des poètes du temps de Néron, mais traité par les mêmes procédés.

Elle était cependant originale dans Pétrarque, cette personnification de l'Italie qui remplit la première strophe de l'ode de Leopardi : non qu'elle fût neuve ; car combien de fois n'a-t-on pas personnifié les nations ? mais ce n'était pas une formule destinée à faire valoir l'idée : l'imagination

---

* Lire principalement l'ode admirable intitulée *Mars 1821*. Tout y est grand et vrai. Depuis Dante et Petrarque, jamais le patriotisme n'a été chanté d'une manière aussi voisine du sublime.

** Nous savons très bien que cette ode est classique en Italie et nous ne nions pas qu'elle ait pu faire verser des larmes d'enthousiasme. C'est que les lecteurs mêlaient leur âme et leur cœur à leur lecture, et y retrouvaient des sentiments que le poète n'y avait pas mis. Que de fois des œuvres d'art médiocres ou artificielles ont excité chez les contemporains des émotions qui n'étaient ni médiocres ni artificielles ! Mais le temps juge ces œuvres et les remet à leur rang. Qui relit aujourd'hui ces *Messéniennes* qui firent frémir nos grands pères?

ardente de Pétrarque avait fait de l'Italie la maitresse de son cœur et de sa pensée, plus adorée que sa Laure et plus digne encore de son adoration. Quand la France abattue fut comparée naguère à un *noble malade*, l'homme grave qui laissa échapper cette comparaison ne l'avait point cherchée; née du sentiment de la réalité et d'une irrésistible pitié, elle vint d'elle-même se placer sur ses lèvres. Ainsi Pétrarque s'écrie, ne pouvant plus contenir son amour et sa compassion pour sa patrie : « Mon Italie, bien que les paroles soient inutiles aux blessures mortelles que sur ton beau corps je vois si pressées, je veux du moins que mes soupirs soient tels que les espèrent le Tibre, l'Arno et le Pô où je séjourne maintenant douloureux et grave :

> Italia mia, benchè il parlar sia indarno
> Alle piaghe mortali
> Che nel bel corpo tuo si spesse veggio,
> Piacemi almen ch' i miei sospiri sien quali
> Spera 'l Tevere e l'Arno,
> E'l Po dove doglioso e grave or seggio* »

Cette Italie de Pétrarque n'est pas une froide abstraction, comme le devient trop souvent dans les *Rime* la très réelle, mais moins vivante Laure. Pétrarque la voit devant lui, lui parle, la gour-

---

* *Ode aux grands d'Italie*, v. 1 à 6.

mande avec la familiarité de l'amour : elle dort, quand elle a tant de raisons de s'éveiller, et il voudrait la *tirer par les cheveux* pour l'arracher à ce sommeil : « Je ne sais ce qu'attend ni ce que désire l'Italie; il semble qu'elle ne sente pas ses douleurs, vieille, fainéante et paresseuse qu'elle est. Dormira-t-elle toujours et n'y aura-t-il personne qui l'éveille? Que n'ai-je la main enfoncée dans ses cheveux !

« Je n'espère pas qu'elle sorte jamais de son sommeil paresseux ni qu'elle lève la tête, de quelques cris qu'un homme l'appelle, tant son accablement est lourd et pesant. Mais ce n'est pas sans un dessein de la fortune que ton bras [*], qui peut-être peut la secouer et la relever, a reçu le gouvernement de Rome, notre capitale. Mets la main sans crainte dans cette vénérable chevelure et dans ces tresses dénouées, de façon que la nonchalante sorte de la fange. Moi qui, jour et nuit, pleure sur son opprobre, j'ai mis en toi la meilleure part de mon espérance...

> Che s'aspetti non so nè che s'agogni
> Italia, che suoi guai non par che senta,
> Vecchia, oziosa et lenta
> Dormirà sempre e non fia chi la svegli?
> La man l'avess'io avvolta entro capegli!
> Non spero che giammai dal pigro sonno

[*] Il s'agit de Rienzi.

> Mova la testa, per chiamar ch' uomo faccia
> Si gravemente è oppressa e di tal soma
> Ma non senza destino alle tue braccia,
> Che scuoter forte et sollevarla ponno,
> È or commesso il nostro capo Roma.
> Pon man in quella venerabil chioma
> Securamente e nelle tracce sparte,
> Sì che la neghittosa esca del fango.
> I', che di e notte del suo strazio piango,
> Di mia speranza ho in te la maggior parte...*.

Le meilleur commentaire de ces beaux vers, et il montrera mieux que toute critique la vérité et le naturel de cette personnification de l'Italie, c'est une autre forme de la même allégorie, sortie aussi d'un esprit italien, plus créateur peut-être et plus fécond, mais qui, voulant représenter son pays abaissé, n'a pas dépassé Pétrarque. Car c'est évidemment la patrie que Michel-Ange voulut montrer aux Italiens du XVI° siècle, quand il sculpta cette femme si vigoureuse et si profondément endormie, qui s'appela d'abord la Nuit, puis le Sommeil, et qui, par la bouche du poète-sculpteur, répondait à une louange banale, comme pour qu'il n'y eût point de doute sur sa personnalité : « Il m'est doux de dormir et plus doux d'être de pierre. Tant que durent le malheur et la honte, ne pas voir, ne pas sentir m'est un grand avantage. Aussi, ne me réveille pas ; ah ! parle bas :

Ode à Rienzi, v. 10 à 25.

> Grato mi è il sonno, e piu l'esser di sasso;
> Mentre che il danno e la vergogna dura,
> Non veder, non sentir, m'è gran ventura;
> Però non mi destar, deh, parla basso*. »

Si on relit l'ode à Rienzi dans la chapelle de San-Lorenzo, et qu'après avoir fait entrer dans son esprit les sévères peintures de Pétrarque, autant que ces conceptions sublimes peuvent tenir en nos intelligences plus curieuses que profondes, on leve tout à coup les yeux vers le tombeau de Julien de Médicis, on a la joie tranquille d'admirer dans le marbre de Michel-Ange, sans effort nouveau de pensée, sans ouverture d'âme nouvelle, la noble figure qu'on admirait tout à l'heure dans le poème de Pétrarque. Devant cette Endormie aussi, on peut murmurer ces vers qui ont dû plus d'une fois hanter la mémoire de Michel-Ange quand il enfanta son œuvre :

> « Non spero che giammai dal pigro sonno
> Muova la testa, per chiamar ch'uomo faccia,
> Si gravemente e oppressa e di tal soma. »

La *formosissima donna* de Leopardi n'inspire pas de telles pensées; malgré ses blessures, sa tête cachée dans ses genoux, ce manteau et ce bandeau d'or qu'on lui a ravis, on sent trop qu'elle

* Vasari, *Vie de Michel-Ange*.

n'est qu'un jeu d'esprit. Le poète, en accumulant, non sans quelque incohérence, tous ces traits si particuliers, n'a point fait une peinture ressemblante. Testi, qu'il prisait fort*, n'avait pas été, bien qu'à un degré moindre que Pétrarque, sans influence sur son inspiration. Cet ingénieux *seicentiste*, plus goûté des Italiens que de nous et qui doit peut-être le meilleur de sa réputation à la médiocrité de son siècle, avait écrit, dans son ode à Ronchi, ce quatrain dont les deux premières strophes de l'ode de Leopardi ne semblent être que la paraphrase. C'est la même idée; ce sont presque les mêmes expressions :

> Ben molt'archi e colonne in più d'un segno
> Serban del valor prisco alta memoria,
> Ma non si vede già per propria gloria,
> Chi d'archi o di colonne or sia degno*.

On ne peut pas dire que Leopardi ignorait cette ode, classique en Italie et que d'ailleurs il a soin de citer dans sa Chrestomathie poétique : mais il agissait envers Testi comme Testi avait agi envers

---

* « Fra i quattro principali che sono il Chiabrera, il Testi, il Filicaia, il Guidi, io metto questi due molto ma molto sotto i due primi, e nominamente del Guidi mi maraviglio come abbia potuto venire in tanta fama che anche presentamente si ristampi con diligenza e più volte. E perchè il Chiabrera con molti bellissimi pezzi non ha solamente un ode che si possa lodare per ogni parte, anzi in gran parte

Horace, et Chiabrera envers Pétrarque. Depuis le xivᵉ siècle, les lyriques italiens n'inventaient plus : l'originalité consistait à changer de maitre. Leopardi est fidèle à la tradition. Du même ton que Petrarque disait : « Je vais criant : *paix, paix ;* Io vo gridando : *pace, pace,* » Leopardi écrit : « Je demande au ciel et au monde : « Dites, dites : qui l'a réduite à ce point?

> Io chiedo al cielo,
> E al mondo : dite, dite :
> Chi la ridusse a tale?

Quoi de plus froid que cette interrogation fictive adressée *au ciel et au monde ?* Et plus loin, que dire de cet *harmonieux désordre* où des questions de même nature se pressent, par un artifice de rhétorique que n'atténuent ni le sentiment de la mesure ni celui de la gradation?

> Perchè, perchè? dov'è la forza antica,
> Dove l'armi e il valore e la costanza? etc.

non vada biasimata, per ciò non dubito dar la palma a Testi, il quale giudico che si fosse venuto in eta meno barbara e avesse avuto agio di coltivare l'ingegno suo piu che non fece, sarebbe stato senza controversia il nostro Orazio, e forse più caldo e veemente e sublime del latino. » (*Epist*, I, 140)

* *Sopra l'Italia,* v 13 et suiv.

C'est en vain que Leopardi, comme averti du peu de portée de ces déclamations impersonnelles et comme s'il voulait en corriger la froideur, introduit brusquement sa personnalité dans ce tableau des misères de l'Italie et s'écrie :

> L'armi, qua l'armi* io solo
> Combatterò, procomberò sol io.

On sent maintenant que cette exclamation perd, à la réflexion, toute apparence de naturel et de force par les motifs même qui d'abord la faisaient paraître touchante. C'est précisément parce que ce jeune Recanatais est chétif de corps, malade, incapable d'agir, qu'il déclame, quand il donne à son pays un sang qu'il n'aurait même pas la force d'aller lui offrir. Ce n'est pas lui qui parle : il se met à la place d'un Pétrarque, à la manière de ceux qui traitent un sujet imposé, et il dit ce que dirait Pétrarque, homme d'action, politique payant de sa personne; il le dit littérairement, sans que le poète engage le citoyen, il le dit en homme plus désireux de doter l'Italie du xix siècle d'une

---

* Ainsi Énée, dans Virgile (*Énéide*, II, 668), s'écrie dans sa douleur de ne pouvoir sauver sa famille « *Arma, viri, ferte arma.* » Mais qui ne voit combien cette exclamation, vaine dans la bouche de Leopardi, est naturelle et vraie dans celle d'Énée, dont Pyrrhus et les Grecs ont envahi la demeure?

poésie lyrique digne du passé que de combattre pour l'indépendance de sa patrie.

Il y a plus d'originalité dans la strophe suivante, où Leopardi déplore le sort des Italiens morts loin de l'Italie au service de Napoléon I*er*. La plus pure pitié, la plus sincère tristesse rendent aimables ces vers qui terminent la partie *italienne* de l'ode et que ne gâte aucun souvenir : « O malheureux celui qui à la guerre a été tué, non pour les paternels rivages, ni pour sa pieuse épouse, ni pour ses fils chéris, mais de la main des ennemis d'autrui, pour une nation étrangère, et qui ne peut pas dire en mourant : Douce terre natale! la vie que tu m'as donnée, voici que je te la rends :

> Oh misero colui che in guerra è spento,
> Non per li patrii lidi e per la pia
> Consorte e figli cari,
> Ma da nemici altrui
> Per altra gente, e non può dir morendo :
> Alma terra natia,
> La vita che mi desti ecco ti rendo. »

Mais par quelles images banales, par quels artifices usés sont amenés ces vers si vrais et si gracieux!

« Où sont tes fils? J'entends un bruit d'armes, de chars, de voix et de timbales; en des contrées étrangères combattent tes fils. Écoute, Italie, écoute. Je vois, ou il me semble voir, un flot de fantassins et de cavaliers, de la fumée, de la poussière la lueur des épées comme parmi les nuages des éclairs... :

> Dove sono i tuoi figli? odo suon d'armi
> E di carri e di voci e di timballi :
> In estranie contrade
> Pugnano i tuoi figliuoli.
> Attendi, Italia, attendi Io veggio, o parmi,
> Un fluttuar di fanti e di cavalli,
> E fumo e polve, e luccicar di spade
> Come tra nebbia lampi. »

N'est-on pas tenté de se demander, à la manière d'Alceste : qu'est-ce que « Odo suon d'armi e di carri »? et que : « Io veggio, o parmi, un fluttuar, etc. »? *Ce style figuré sort du bon caractère et de la vérité*. Quand Nérée, dans un passage d'Horace que Leopardi avait peut-être dans la mémoire, va prophétisant les guerres troyennes et qu'il voit la sueur des hommes et des chevaux[*], nous ne sommes ni surpris ni choqués : c'est que l'avenir est réellement ouvert à Nérée et que, par un don divin, non seulement il connaît les conséquences du rapt d'Hélène, mais encore il y assiste. Les paroles de Nérée sont aussi conformes à la vérité que celles de Régulus, dans une autre ode d'Ho-

---

[*] Eheu ! quantus equis, quantus adest viris Sudor !
(HOR., *Odes*, I, 15.)

race, voulant décrire au sénat cette Carthage rendue plus grande par l'opprobre de l'Italie et disant : « J'ai vu...* » Et aussitôt nous voyons avec lui, nous sommes en Afrique avec lui. Dans Leopardi, nous ne saisissons qu'un artifice qui cache la pensée plus qu'il ne l'éclaire. Nous ne voyons pas davantage ces champs de bataille parce que l'auteur nous dit : « Je les vois. » Et, malgré cet avertissement : « Écoute, Italie, écoute, » ce n'est pas le bruit des épées que nous entendons, mais le son creux de métaphores à toute fin, utiles à la versification, mortelles à la poésie**.

La seconde partie de l'ode est, plus visiblement encore que la première, un jeu d'esprit, une fantaisie d'érudit. Nous savons qu'il avait déjà publié deux pastiches grecs d'Anacréon (Odes *à l'Amour* et *à la Lune*) précédés de la traduction d'un prétendu hymne *à Neptune*. De même, il veut ici

---

* ......Signa ego punicis
Affixa delubris, et arma
Militibus sine cæde, dixit,
Direpta vidi, vidi ego civium
Retorta tergo brachia libero.....
(Hor., *Odes*, III, 5.)

** Leopardi n'est-il pas encore plus sévère que nous pour lui-même et ne nous livre-t-il pas ses procédés de travail, pour ce qui est de ses premières poésies, quand il dit, dans l'ébauche déjà citée de la *Vergine guasta* : « Plusieurs traits de sentiment peuvent être pris dans Horace, etc. ? »

refaire l'ode perdue de Simonide sur les héroïques combattants des Thermopyles. Il nous explique d'ailleurs très ingénuement ses intentions dans une page curieuse de sa première dédicace à Monti : « Il suffira, pour ce qui est du chant de Simonide qui se trouve dans la première *canzone*, que je fasse remarquer, non pour vous, mais pour la plupart des lecteurs (et je vous demande pardon du courage et du peu de bonté que je montre en vous écrivant ces choses) que ce grand des Thermopyles ait été célébré réellement par un poëte grec de beaucoup de renommée et, ce qui est plus, qui vécut dans ces temps mêmes, Simonide en un mot, comme on le voit dans Diodore, au XIe livre, où sont même citées quelques expressions de ce poète. (Je laisse de côté l'épitaphe rapportée par Cicéron et par d'autres.) Deux ou trois de ces expressions tirées de Diodore sont traduites dans le cinquième vers de ma dernière strophe. Or je jugeais qu'à aucun autre poète lyrique, ni auparavant ni ensuite, ne s'offrit jamais aucun sujet aussi grand ni aussi convenable. En effet, ce qui est raconté ou lu après vingt-trois siècles, n'en tire pas moins de vive force des larmes des yeux étrangers, il semble qu'un tel fait presque vu et certainement entendu célébrer par qui que ce fût, dans la ferveur même de la Grèce victorieuse d'une armée telle qu'on n'en vit qu'alors en Europe, parmi les étonnements, les trépignements, les applaudissements et les larmes de toute une nation exaltée, plus qu'on ne peut le dire ou le penser, par la conscience de la gloire acquise et par cet amour incroyable de la patrie qui a disparu avec les siècles, qu'un tel fait, dis-je, dût inspirer à n'importe quel Grec, surtout à un poëte, une passion et une fureur tout à fait indicibles et surhumaines*. Pour ce motif, l'extrême regret que j'avais de la perte de la susdite composition me donna à la fin le courage de me mettre, comme on dit, dans les habits de Simonide, et ainsi, autant que le comportait ma médiocrité, de refaire son chant, au sujet duquel je n'hésite pas à affirmer que, s'il ne fut pas merveilleux, la renommée de Simonide ne fut alors qu'un vain bruit et ses écrits furent justement détruits par le temps. » — « Je ne crois pas, dit-il, dans la même dédicace refaite en 1824, qu'il se soit jamais trouvé un sujet plus digne d'un poëme lyrique ni plus heureux que celui que choisit Simonide ou, pour mieux dire, qui s'offrit à lui. »

Leopardi a donc voulu tromper, en quelque sorte, notre regret de la perte de ce célèbre poëme

---

* Cette longue période, qu'il est presque impossible de mettre en français sans la dénaturer, n'est-elle pas un souvenir du style cicéronien des prosateurs trecentistes? Plus tard, en 1824, refaisant cette dédicace, Leopardi, plus indépendant, l'allège, la simplifie et y met la marque de son génie clair et simple.

grec. Y a-t-il réussi? A coup sûr, de tels vers n'ont pu sortir que d'une âme profondément pénétrée des lettres grecques, et jamais le brillant et superficiel Monti n'eût pu les écrire; on y retrouve l'helléniste prodigieusement précoce qui s'instruisit seul et, dès son enfance, vécut dans la Grèce antique. Mais, nous en demandons pardon à Leopardi, il a beau dire que debout sur la colline d'Anthela, Simonide, les joues mouillées de larmes, la poitrine haletante et le pied trébuchant, prit en main la lyre*; non, ce n'est pas le poète de Céos qui prend en main la lyre, ce n'est pas même un Grec, c'est Leopardi lui même qui chante, c'est déjà le penseur qui fera le *Brutus*. Tout à l'heure, il prétendait être lui quand il chantait l'Italie, et il était Pétrarque ou Testi : maintenant il veut être un ancien, et son génie comprimé trop longtemps par l'imitation commence à se faire jour. Sans doute, c'est bien de Xerxès et de Léonidas qu'il s'agit. Ce sont bien là « les habits de Simonide, *i panni di Simonide* », mais est ce de l'âme de Simonide que partent les pensées suivantes?

*
  E sul colle d'Antela, ove morendo
  Si sottrasse da morte il santo stuolo,
  Simonide salìa,
  Guardando l'etra e la marina et il suolo.
   E di lacrime sparso ambe le guance,
  Et il petto ansante, e vacillante il piede,
  Toglicasi in man la lira.

« O très heureux, vous qui offrîtes votre poitrine aux lances ennemies pour l'amour de celle qui vous mit au jour; vous que la Grèce honore et que le monde admire. Quel si grand amour entraîna vos jeunes âmes dans les armes et dans les périls? quel amour vous entraîna dans l'amer destin? Comment*, ô fils, vous parut-elle si joyeuse, l'heure suprême, quand, en riant, vous courûtes vers le pas lamentable et dur?

> Beatissimi voi,
> Ch'offriste il petto alle nemiche lance
> Per amor di costei ch'al sol vi diede,
> Voi che la Grecia cole, e il mondo ammira.
> Nell'armi e ne'perigli
> Qual tanto amor le giovanette menti,
> Qual nell'acerbo fato amor vi trasse?
> Come si lieta, o figli,
> L'ora estrema vi parve, onde ridenti
> Correste al passo lacrimoso e duro? »

Les Grecs du temps des Thermopyles n'éprouvaient pas ce mélancolique étonnement en face du dévouement patriotique. Ils ne philosophaient pas ainsi sur les mystérieux ressorts des grandes réso-

---

* M. Valéry Vernier, dans sa traduction française des poésies lyriques de Leopardi (Paris, Librairie centrale, 1867), si sérieusement faite d'ailleurs, traduit : « Qu'elle vous parut joyeuse, etc. » Ce contre-sens ne vient-il pas d'une conception fausse de l'état d'esprit où Leopardi était déjà vers 1818? M. Paul Heyse a mieux compris.

lutions humaines. « Cet amour si grand » qui entraîne les âmes généreuses, ils ne se demandaient point quel il était. Ils le connaissaient. C'était pour eux d'abord un sentiment religieux, mis par l'éducation au fond des âmes dès que les âmes s'étaient ouvertes, puis un sentiment simple, pur, sans affinité secrète avec l'amour-propre, et qu'ils n'avaient point soumis, ni dans leurs conversations ni dans leurs écrits, à des analyses corruptrices. Il y a des siècles de libre recherche, et plus d'un Pascal et d'un La Rochefoucauld, entre ce panégyrique touchant, mais raffiné dans sa forme interrogative, et les naïves louanges dont les lambeaux nous ont été conservés parmi les débris de l'œuvre lyrique de Simonide.

On a déjà fait remarquer avec raison[*] que si dans Simonide ces mots : « Votre tombe est un autel » paraissent avoir fait une grande impression sur des auditeurs grecs, c'est que, dans les idées des Grecs, c'était bien d'un véritable autel qu'il s'agissait, où se feraient de véritables sacrifices, et qui serait l'objet, non pas d'une vénération vague et intermittente, mais d'un culte déterminé et continu. Dans Leopardi, quand Simonide dit : « Votre tombe est un autel, » c'est évidemment une métaphore : il entend par là que la tombe de ces hommes sera respectée comme le serait un autel,

---

[*] M. de Sanctis, *Saggi critici*. Nous lui devons beaucoup.

et il ajoute non pas : « On y fera des sacrifices, » mais : « Les mères y viendront *montrer* à leurs enfants *les belles traces de votre sang** » (c'est-à-dire, j'imagine, leur parler de vos exploits), ce qui n'est pas la même chose que de leur faire accomplir une vraie *dévotion*. Mais ce qui est bien moins grec encore, c'est que Simonide en personne se met en scène dans les derniers vers et ne craint pas d'exprimer, comme conclusion de son ode, les sentiments particuliers que fait naître en lui la vue de l'héroïsme des Spartiates : « Voici que je me prosterne, ô hommes bénis, sur le sol et que je baise ces rochers et ces mottes de terre qu'on louera et célébrera éternellement de l'un à l'autre pôle. Ah! que ne suis-je avec vous là-dessous et que n'est-elle mouillée de mon sang, cette terre si douce! Si mon destin est autre, s'il ne consent pas à ce que pour la Grèce je ferme mes yeux mourants, renversé à la guerre, puisse la modeste renommée de votre poète dans les races futures, si les dieux le veulent, durer autant que la vôtre durera :

. ...Ecco io mi prostro,
O benedetti, al suolo,
E bacio questi sassi e queste zolle,

* E qua mostrando
Verran le madri ai parvoli le belle
Orme del vostro sangue

> Che fien lodate e chiare eternamente
> Dall' uno all' altro polo.
> Deh foss' io pur con voi qui sotto, e molle
> Fosse del sangue mio quest' alma terra :
> Che se il fato è diverso, e non consente
> Ch' io per la Grecia i moribondi lumi
> Chiuda prostrato in guerra,
> Così la vereconda
> Fama del vostro vate appo i futuri
> Possa, volendo i numi,
> Tanto durar quanto la vostra duri. »

Outre qu'il y a peut être quelque chose d'un peu théâtral dans ce mouvement : « Voici que je me prosterne, *Ecco io mi prostro...* » on peut affirmer que jamais un lyrique grec, pas plus le mélancolique Simonide que le sublime Pindare, n'aurait dit : « *Deh foss' io pur con voi qui sotto !* » Était-ce en effet le moment, quand on célébrait un acte qui avait fait tressaillir la Grèce entière, de ramener l'attention de la Grèce, non sur les héros des Thermopyles, ni sur la Patrie, mais sur un homme, et sur l'homme qui devait le plus s'effacer, sur l'auteur même du poème ? D'ailleurs tout ce que dit excellemment Leopardi dans la dédicace à Monti sur la beauté d'un tel sujet, sur l'état d'âme où devaient se trouver Simonide et les auditeurs de Simonide, toute cette analyse exacte des conditions de la poésie lyrique fait éclater à merveille l'invraisemblance de cette reconstruction antique.

Mais si nous oublions cette prétention de nous rendre Simonide et si nous ne cherchons dans ce cadre grec que les traits de Leopardi lui-même, comme ces invraisemblances nous intéressent ! Comme elles nous livrent l'âme du jeune penseur ! C'est lui qui se prosterne, c'est lui qui baise « ces rochers et ces mottes de terre », et surtout c'est lui qui s'écrie : « *Deh foss' io pur con voi qui sotto !* » C'est la première fois qu'il invoque cette mort dont il va s'éprendre si ardemment. Il la veut encore éclatante, patriotique, utile. Bientôt c'est la mort sans épithete qu'il demandera, c'est-à-dire la cessation de la vie, le néant où l'on ne souffre plus.

Telle est cette seconde partie, plus menteuse que la première en ce qu'elle ne donne même pas le pastiche que Leopardi avait promis, mais aussi plus originale en ce qu'elle annonce l'apparition de la pensée intime du poète, pensée encore inconsciente, mais qui grandit sous ces souvenirs d'érudit et sous ces formes de convention qu'elle va bientôt briser.

On voit maintenant combien diffèrent en cette ode non seulement la forme et le fond, mais encore l'inspiration apparente et avouée de Leopardi et son inspiration latente et inavouée : « L'auteur, écrivait-il* et croyait-il, veut par ses chants

---

* Voir le court préambule de l'édition de Bologne 1824, intitulée : *A chi legge* (*Studi giov.*, p. 237). La crainte de

ranimer l'amour de la patrie... » et quand, soulevant le voile de la tradition et de la convention, nous avons pénétré jusqu'au fond de l'âme de Leopardi, nous nous disons invinciblement que bientôt il ne croira plus à la patrie.

L'*apparence* est donc qu'il a voulu relever le courage de ses contemporains par la peinture des misères de la patrie, et, en leur rappelant l'héroïsme des Spartiates aux Thermopyles, les faire rougir de leur lâcheté.

La *réalité*, c'est qu'en élève habile il a imité dans une langue pure Pétrarque et les imitateurs de Pétrarque, et que son esprit seul s'est exercé dans cette déclamation ; puis, dégoûté des choses modernes, il est revenu vers cette Grèce où il s'était formé d'abord. L'habitude l'y ramenait et aussi son pessimisme naissant. Le présent est mauvais, se dit-il, le passé valait sans doute mieux, et il séjourne de nouveau dans le passé sous le patronage de Simonide dont le génie un peu triste lui est sympathique. Alors sans doute on était bon, généreux, héroïque. C'est alors qu'il eût voulu vivre, ou plutôt mourir; car un instinct lui dit déjà que vivre, même alors, c'était souffrir; mais du moins, en cette Grèce, on mourait aisément, noblement. Aujourd'hui, il n'y a plus de Thermo-

---

la Censure autant que l'ironie a inspiré les réflexions qui s'y trouvent sur la prétendue satisfaction que cause aux Princes le patriotisme de leurs sujets.

pyles; il faut vivre, se consumer dans un Recanati, en tête-à-tête avec ses pensées et sa douleur, et voir s'en aller une à une les belles chimères qui pourraient faire aimer la vie, hier la Religion, aujourd'hui la Patrie, demain peut-être l'Amour.

IV

Ad Angelo Mai; *progrès de la pensée pessimiste.*

La seconde canzone parut avec la première et fut probablement composée immédiatement après, dans le même état d'esprit que nous venons d'analyser. En effet, malgré la différence des titres, l'ode *sur le monument de Dante* qui se préparait alors à Florence, exprime les mêmes idées et laisse voir, plus clairement encore, la même philosophie secrète que l'ode à l'Italie; elle en est la suite et le développement. Celle-ci ne peut guère se comprendre sans celle-là. Il s'agit encore des misères de l'Italie comparées à sa gloire d'autrefois et de l'engourdissement actuel des âmes : « Pourquoi sommes-nous venus en des temps si pervers ? Pourquoi nous as-tu donné de naître ou pourquoi auparavant ne nous as-tu pas donné de mourir, cruel destin? Nous voyons notre patrie servante et esclave d'étrangers et d'impies, nous voyons la lime mordante ronger sa vertu, et, en aucun point, il ne nous a été donné d'adoucir par quelque secours ou quelque consolation l'impitoyable douleur qui la déchirait. Ah! tu n'as pas eu notre sang et notre vie, ô chère patrie, et je ne suis pas mort pour ta cruelle fortune. Ici la colère et la pitié abondent dans les cœurs; un grand nombre de nous ont combattu, sont tombés; mais ce n'était pas pour la moribonde Italie; c'était pour ses tyrans.

> Perchè venimmo a si perversi tempi?
> Perchè il nascer ne desti o perchè prima
> Non ne desti il morire,
> Acerbo fato? onde a stranieri ed impi
> Nostra patria vedendo ancella e schiava,
> E da mordace lima
> Roder la sua virtù, di null'aita
> E di nullo conforto
> Lo spietato dolor che la sracciava
> Ammolir ne fu dato in parte alcuna.
> Ahi! non il sangue nostro e non la vita
> Avesti, o cara, e morto
> Io non son per la tua cruda fortuna.
> Qui l'ira al cor, qui la pietade abbonda;
> Pugnò, cadde gran parte anche di noi.
> Ma per la moribonda
> Italia no per li tiranni suoi »

On reconnaît les idées déjà remarquées dans l'ode précédente : *Nessun pugna per te? Non ti di-*

fende nessun de tuoi? etc. Mais la forme est plus heureuse, plus naturelle. On dirait que Leopardi, presque mécontent de sa première œuvre, éclairé par les fautes dans lesquelles il est tombé, traite à nouveau le même thème, remaniant et refaisant les développements. Nulle part ce travail de correction et de refonte n'est plus visible que dans l'épisode de la retraite de Russie, qui correspond évidemment à la troisième stance de l'ode à l'Italie, jugée insuffisante : « Père, si tu ne t'indignes pas, tu es changé de ce que tu fus sur terre. Ils mouraient sur les tristes rives des Ruthènes, dignes, hélas! d'une autre mort, les braves Italiens; et l'air, le ciel, les hommes et les bêtes leur faisaient une guerre immense. Ils tombaient légion par légion, à demi-vêtus, maigres et sanglants, et la neige était le lit de leurs corps malades. Alors quand venaient les souffrances suprêmes, se souvenant de cette mère désirée, ils disaient : Oh! ce n'est point par les nuées et par le vent que nous aurions dû périr, mais par le fer et pour ton bien, ô notre patrie. Voici qu'éloignés de toi, quand nous sourit notre plus bel âge, ignorés du monde entier, nous mourons pour cette nation qui te tue.

> Padre, se non ti sdegni,
> Mutato sei da quel che fosti in terra
> Morian per le rutene
> Squallide piagge, ahi d'altra morte degni,
> Gl'itali prodi e lor fea l'aere e il cielo

> E gli uomini e le belve immensa guerra.
> Cadeano a squadre
> Semivestiti, maceri e cruenti,
> Ed era letto agli egri corpi il gelo.
> Allor quando traean l'ultime pene,
> Membrando questa desiata madre,
> Diceano : oh non le nubi e non i venti,
> Ma ne spegnesse il ferro, e per tuo bene,
> O patria nostra Ecco da te rimoti,
> Quando più bella a noi l'età sorride,
> A tutto il mondo ignoti,
> Moriam per quella gente che t'uccide. »

Il y a de l'indépendance dans cette description, et un accent d'énergie digne d'Alfieri dans le trait final : « *Moriam per quella gente che t'uccide.* » Mais ce n'est qu'un éclair : presque toute l'ode, malgré une préoccupation incontestable du naturel et de la simplicité, nous traine dans la convention, dans de laborieuses métaphores et dans des souvenirs d'auteurs classiques trop connus et trop exploités. Ainsi peut-on se plaire au passage suivant, quand on connait les pages où Cicéron déplore la mort de Crassus et l'imitation que Tacite en a faite à la fin de la vie d'Agricola? « Tu es heureux, Dante, toi que le destin n'a pas condamné à vivre au milieu de tant d'horreurs; toi qui n'as pas vu les femmes italiennes aux bras d'un soldat barbare, ni les villes et les maisons pillées et détruites par la lance ennemie et la fureur étrangère; ni les œuvres du génie italien emmenées au delà des Alpes pour une servitude misérable; ni les tristes chemins encombrés d'une foule de chars; ni les âpres commandements ni la domination superbe; toi qui n'as pas entendu les outrages et la parole impie de liberté qui nous raille au bruit des chaines et des fouets. Qui ne se lamente? Quelle chose n'avons-nous pas soufferte? A quoi n'ont-ils pas touché, ces félons? A quel temple, à quel autel ou à quel crime?

> Beato te che il fato
> A viver non dannò fra tanto orrore;
> Che non vedesti in braccio
> L'Itala moglie a barbaro soldato,
> Non predar, non guastar cittadi e còlti
> L'asta nimica e il peregrin furore,
> Non degli tali ingegni
> Tratte l'opre divine a miseranda
> Schiavitude oltre l'alpe, e non de folti
> Carri impedita la dolente via,
> Non gli aspri cenni ed i superbi regni;
> Non udisti gli oltraggi e la nefanda
> Voce di libertà che ne scherma
> Tra il suon delle catene et de' flagelli.
> Chi non si duol? che non soffrimmo? intatto
> Che lasciaron quei felli?
> Qual tempio, quale altare o qual misfatto? »

Assurément, tout n'est pas réminiscence ou imitation dans cette ode, et les apostrophes à Dante, qui forment les deux dernières strophes, ne sont pas sans originalité ni sans grandeur. Leopardi interroge Dante sur les destinées de la patrie. Est-elle morte pour toujours? Faut-il désespérer d'elle?

Et ces questions ne sentent point la rhétorique, d'abord parce que dans le poëme dantesque se trouve en effet comme l'âme de la patrie italienne et que les vers du chantre divin ne resteront jamais sans réponse pour qui sut les interroger avec foi, ensuite parce que Leopardi s'est demandé plus d'une fois à lui-même ce qu'il demande « à l'illustre père du rythme étrusque ». Plus d'une fois ce jeune esprit a dû se poser ce probleme, précurseur du pessimisme prochain : « *In eterno perimmo? e il nostro scorno non ha rerun confine?* » Mais pour en venir à cet endroit qui n'est touchant et naturel que parce qu'il reflete les idées intimes, par quelles longueurs et quelles froides déclamations ne nous faut-il point passer! Voici comment Leopardi essaie d'exprimer l'enthousiasme inspirateur de ceux qui préparent le monument de Dante: « La hauteur du sujet vous inspirera; il vous enfoncera dans le sein d'âcres aiguillons. Qui dira les troubles orageux de votre fureur et de votre immense amour? Qui peindra l'éclair des yeux? Quelle voix mortelle peut égaler en la figurant une chose céleste? Loin, loin d'ici toute âme profane! Oh! quelles larmes l'Italie réserve à cette noble pierre!

> Voi spirerà l'altissimo subbietto,
> Ed acri punte premeravvi al seno.
> Chi dirà l'onda e il turbo
> Del furor vostro e dell'immenso affetto?

> Chi pingerà l'attonito sembiante?
> Chi degli occhi il baleno?
> Qual può voce mortal celeste cosa
> Agguagliar figurando?
> Lunge sia, lunge alma profana Oh quante
> Lacrime al nobil sasso Italia serba! »

Mais tout à coup, sans préparation, comme à l'insu du poète, la pensée même de Leopardi se produit en quelques mots jetés à la fin de la description de la retraite de Russie. Quelle surprise et quelle joie de rencontrer, au milieu de formes de convention, dans ce lyrisme trop souvent impersonnel, parfois banal, ces vers exquis et purs, que ne pourront effacer de notre esprit même les plus belles des poésies purement philosophiques : « Ames chères, bien qu'infinie soit votre infortune, donnez-vous la paix ; et que ceci vous console que vous n'aurez aucune consolation ni dans cet âge ni dans l'âge futur. Dans le sein de votre douleur sans limites reposez-vous, ô vrais fils de Celle à la suprême adversité de laquelle la vôtre est seule assez grande pour ressembler.

> .. .Anime care,
> Bench'infinita sia vostra sciagura,
> Datevi pace e questo vi conforti
> Che conforto nessuno
> Avrete in questa o nell' età futura.
> In seno al vostro smisurato affanno
> Posate, o di costei veraci figli,
> Al cui supremo danno
> Il vostro solo è tal che s'assomigli. »

V

Nelle nozze della sorella Paolina *et* A un vincitore nel pallone.

Si dans les différentes éditions des poésies, l'ode à Angelo Mai vient la troisième, ce n'est point une fantaisie des éditeurs : Leopardi lui-même, dans la première édition générale de ses œuvres, l'avait placée la troisième, sans doute pour réunir en une même partie de son livre les cinq odes où il est question du patriotisme. Mais, chronologiquement, elle ne viendrait que la neuvième. Elle fut composée et imprimée à part (Rome, 1820) deux ans après les premières odes et un an après les Idylles, qui sont au nombre de six, et qui occupent une place considérable dans l'œuvre de Leopardi. Sans doute, il y a peu de rapport entre le sujet des Idylles et celui des odes patriotiques. Cependant, quand même elles ne seraient que de petits poèmes champêtres à l'imitation de Théocrite, elles n'en marqueraient pas moins un progrès vers la négation de l'idée de patrie. Que dire en effet d'une inspiration patriotique qui manque au bout de deux odes et d'un esprit assez prompt à se dégager des malheurs de l'Italie, si présents et qui s'accroissent chaque jour, pour se tourner tout entier vers les objets habituels de l'idylle? Mais il y a autre chose dans les Idylles, ou plutôt ce titre d'Idylles est impropre, et Leopardi a eu raison d'y renoncer dans les éditions subséquentes : c'est l'histoire de l'âme de Leopardi qui fait un pas de plus vers la conclusion, et le lien est facile à saisir, entre l'*Infini*, par exemple, l'une des plus belles Idylles, et les odes patriotiques. « Le passé valait mieux que cet âge de misère », a dit en résumé l'auteur du chant de Simonide, et à ce mot : « le passé » sa pensée prend son essor. Le voilà loin des choses présentes, remontant les âges par delà son siècle qui lui cache les âges précédents, comme la haie de son jardin lui cache l'horizon, il cherche, il voyage en des régions qui sont sans doute meilleures et à coup sûr qui sont autres ; sa pensée s'anéantit en cette immensité et se plaît *au naufrage dans une telle mer,* qui est au fond l'incrédulité, la négation de toutes choses :

> ... E mi sovvien l'eterno,
> E le morte stagioni, e la presente
> Et viva, et il suon di lei Così tra questa
> Immensità s'annega il pensier mio,
> E il naufragar m'è dolce in questo mare.

Revenu de ce naufrage, l'état présent des choses, *la presente stagione,* la patrie, l'avenir de la patrie lui paraissent des chimères. Sans doute ce n'est pas cette idée qu'il exprime dans les premiers et dans les derniers vers de l'ode qui sont plus particulièrement adressés à l'*Italo ardito,* au savant qui rend à l'Italie les monuments perdus du génie national : Angelo Mai, en trouvant la *République* de Cicéron, a trouvé le meilleur instrument de relèvement pour le pays; que l'Italie tourne les yeux en arrière; si elle se relève, ce n'est que par l'exemple des aïeux qu'elle se relèvera. Tel est le cadre de l'ode, dernier sacrifice à la convention, hommage rendu au patriotisme de Mai, et, si l'on s'en tenait à ces formes encore optimistes, on n'y verrait rien qui différât essentiellement de l'ode à l'Italie. Mais, pour aller au fond de la pensée, le lecteur n'a plus besoin de lever le voile : Leopardi le déchire lui-même : « O glorieux ancêtres, conservez-vous encore quelque espérance de nous ? N'avons-nous pas péri tout entiers ? Peut-être le pouvoir de connaître l'avenir ne vous est-il pas ravi. Moi, je suis abattu, et je n'ai aucune défense contre la douleur; obscur m'est l'avenir et tout ce que j'en distingue est tel que cela me fait paraître l'espérance comme un songe et une folie :

> Di noi serbate, o gloriosi, ancora
> Qualche speranza? in tutto
> Non siam periti? A voi forse il futuro
> Conoscer non si toglie. Io son distrutto,

> Nè schermo alcuno ho dal dolor, chè scuro
> M'è l'avvenire, e tutto quanto io scerno
> E tal che sogno e fola
> Fa parer la speranza.. .. »

Puis il passe en revue les grands Italiens, Dante, Christophe Colomb, Arioste, Tasse, Alfieri, et, au lieu de saluer en eux l'image de l'Italie, il leur demande à quoi en définitive ont abouti leurs efforts. Il semble que les uns aient fini par ne plus croire à la patrie ; les autres se sont brisés dans une lutte insensée. Dante lui-même, l'Italien par excellence, Dante, qu'a-t-il fait ? Il a préféré l'enfer à la terre, tant la terre lui était odieuse. Il a vécu dans les larmes, heureux encore d'avoir souffert, car nous ne souffrons même pas, nous autres hommes du dix-neuvième siècle : nous nous ennuyons.

« Elles étaient chaudes encore, tes cendres saintes, ennemi indompté de la fortune, dont le dédain et la douleur préférèrent l'enfer à la terre. L'enfer! et quelle région en effet ne vaut pas mieux que la nôtre? Et tes douces cordes murmuraient encore touchées par ta droite, infortuné amant. Ah ! de la douleur sort et naît le chant italien. Et cependant moins pesant, moins mordant est le mal dont on souffre que l'ennui dont on étouffe. O heureux toi dont pleurer fut la vie! Nous, l'ennui nous a mis le maillot ; près de notre berceau il se tient immobile, et, sur notre tombe, le néant.

> Eran calde le tue ceneri sante,
> Non domito nemico
> Della fortuna, al cui sdegno e dolore
> Fu più l'averno che la terra amico
> L'averno · e qual non è parte migliore
> Di questa nostra? E le tue dolci corde
> Susurravano ancora
> Dal tocco di tua destra, o sfortunato
> Amante Ahi dal dolor comincia e nasce
> L'Italo canto E pur men grava e morde
> Il mal che n'addolora
> Del tedio che n'affoga. O te beato
> A cui fu vita il pianto! A noi le fasce
> Cinse il fastidio, a noi presso la culla
> Immoto siede, e su la tomba, il nulla »

Et Christophe Colomb? quel service a-t-il rendu en découvrant l'Amérique? Il a cru accroître l'empire des hommes; il a rapetissé la terre. Nous la pensions infinie; maintenant nous en connaissons les limites, nous les touchons, et nous nous consumons d'ennui :

« Mais tu vivais alors avec les astres et la mer, fils audacieux de la Ligurie, quand au delà des colonnes, au delà des rivages où l'on avait cru le soir entendre siffler l'onde quand le soleil s'y plongeait, te confiant aux flots infinis, tu retrouvas les rayons du soleil déjà couché et le jour qui naît alors que pour nous il a disparu; tu vainquis toute opposition de la nature; la découverte d'une immense terre inconnue fut la gloire de ton voyage et de ton retour plein de dangers. Hélas! hélas! mais le monde, une fois connu, ne s'accroît pas, il diminue plutôt, et l'air sonore, la terre bienfaisante et la mer apparaissent bien plus vastes aux enfants qu'au sage.

> Ma tua vita era allor con gli astri e il mare,
> Ligure ardita prole,
> Quand' oltre alle colonne, ed oltre ai lidi,
> Cui strider l'onde all' attuffar del sole
> Parve udir su la sera, agl' infiniti
> Flutti commesso, ritrovasti il raggio
> Del sol caduto, e il giorno
> Che nasce allor ch' ai nostri è giunto al fondo;
> E rotto di natura ogni contrasto,
> Ignota immensa terra al tuo viaggio
> Fu gloria, e del ritorno
> Ai rischi Ahi ahi, ma conosciuto il mondo
> Non cresce, anzi si scema, e assai più vasto
> L'etra sonante e l'alma terra e il mare
> Al fanciullin, che non al saggio, appare. »

« ... Voici maintenant que le monde est représenté dans une petite carte. Voici que tout est semblable et que les découvertes n'accroissent que notre néant.

> . . Figurato è il mondo in breve carta;
> Ecco tutto è simile, e discoprendo
> Solo il nulla s'accresce..... »

Ainsi parleront les hommes dans *l'Histoire du genre humain* : ils ne seront pas plus vite dégoûtés de la prétendue variété que met dans le monde un Jupiter avare et jaloux, et il n'y aura guère plus d'incrédulité dans cette satire des croyances humaines que dans cette ode qui veut paraître patriotique.

Mais si Colomb, par sa découverte, ne rendit pas la vie plus attrayante, ne fut-il pas utile au bonheur des hommes, ce chantre errant des armes et des amours, qui naissait alors, cet ingénieux créateur d'un monde enchanté où ses contemporains se sont distraits, parmi les plus douces fantaisies et les plus aimables mensonges, des horreurs de la guerre civile et du dégoût de la réalité? Eh bien! dans Arioste lui-même, dans le joyeux Arioste, se cache la philosophie de la douleur et du désespoir. Car d'après lui les seules choses qui font aimer la vie, ce sont les gaies fictions, les folles chimères, les illusions des vieux romans de chevalerie. Chassez ces rêves légers, fermez le livre, que vous reste-t-il? Rien, si ce n'est de savoir avec certitude que tout est vain, excepté la douleur.

« Il certo e solo
Veder che tutto è vano altro che il duolo. »

Mais Tasse? Celui-là du moins chanta l'espérance et la foi : dans ses vers, le barbare infidèle est vaincu, et Jérusalem délivrée : voici le règne du christianisme et de la civilisation. Imaginations! mensonges! L'humanité est pire que jamais. Loin de régénérer l'Italie, les poëmes de Tasse ne préservèrent même pas leur auteur « des glaces dont la haine et l'immonde jalousie des particuliers et des tyrans avaient entouré son âme brûlante*. » L'amour même, la dernière illusion de la vie, l'abandonna. Il connut la réalité du néant. L'heure suprême fut pour lui une récompense et non pas une peine : « C'est la mort que demande quiconque a connu notre mal, et non pas une couronne :

> .. Morte domanda
> Chi nostro mal conobbe, e non ghirlanda »

Et qu'on ne dise pas : « C'est la faute du temps : les comtemporains de Tasse étaient mauvais. » Nous sommes pires. Nous ne sommes plus jaloux des poëtes : nous sommes indifférents. Le tardif honneur que Tasse reçut, personne aujourd'hui ne le lui préparerait, en ce siècle de chiffres. Après tant d'années, la postérité n'a pas réparé

---

* . .. Il dolce canto
Non valse a consolarti o a sciorre il gelo
Onde l'alma t'aveau, ch'era si calda,
Cinta l'odio e l'immondo
Livor privato e de' tiranni.

l'injustice des hommes du seizième siècle : l'immortel ennui de Tasse est encore flétri du nom de folie.

Voici pourtant un homme dont l'œuvre ne paraît pas stérile : il a, sur la scène, déclaré la guerre à la tyrannie. L'Italie de l'avenir ne vit-elle pas dans ses tragédies et sa fière Antigone n'a-t-elle pas fait trembler sur le trône les oppresseurs du pays de Brutus ? Hélas ! vaines maximes, inutiles escarmouches, simulacres de bataille. Seul, Alfieri s'est élancé dans l'arène et seul il y a combattu, tout frémissant de mépris, sans espoir de succès. Il n'a point eu de successeur. Il n'en aura point. Aujourd'hui l'intelligence est descendue, la foule a monté :

« . . . Sceso il sapiente
E salita è la turba a un sol confine,
Che il mondo agguaglia..... »

Il faut cependant revenir à Angelo Mai, dont la découverte est le sujet annoncé dans cette ode. La conclusion naturelle et forcée de cette éloquente affirmation de la prétendue impuissance de tous les grands Italiens, serait que là où n'ont rien pu Dante, Colomb, Tasse, Alfieri avec leurs œuvres et leur personnalité, Angelo Mai ne pourra rien avec son palimpseste fraîchement déchiffré. Mais cette conclusion, Leopardi croit sans doute de meilleur goût de ne point la tirer lui-même. Il termine brusquement en conseillant à Mai de continuer ses recherches patriotiques. Sans atténuation de ce qu'il a dit, sans transition, sans ménagement d'aucune sorte, après avoir parlé de l'égalité médiocre des esprits, il en vient à louer l'optimisme de Mai dans cette stance toute pessimiste, et continuant le vers commencé par : *Che il mondo agguaglia,* il s'écrie : « O inventeur fameux, continue; réveille les morts, puisque les vivants dorment; arme les langues éteintes des anciens héros; tellement qu'à la fin ce siècle de fange ou desire la vie et se lève pour des actes illustres ou ait honte de lui-même.

> . . . O scopritor famoso
> Segui : risveglia i morti,
> Poi che dormono i vivi; arma le spente
> Lingue de' prischi eroi; tanto che in fine
> Questo secol di fango o vita agogni
> E sorga ad atti illustri, o si vergogna. »

Est-il possible de voir, dans ces vers si peu attendus, autre chose qu'un courtois hommage destiné à faire accepter les idées pessimistes qui sont le fond de cette canzone? N'est-ce pas là une sorte de *passeport* aux dures vérités hardiment dévoilées par le poète? Ainsi Pétrarque, après avoir gourmandé les grands de l'Italie, termine par ce conseil donné à sa canzone de dire courtoisement ce qu'il a la charge de dire : *Canzone, io t'ammonisco che tua ragion cortesamente dica.*

Il semble aussi que Leopardi ne veut pas dire à ses contemporains : « La patrie est une chimère, » de peur de les plonger trop brusquement dans la vérité, c'est-à-dire dans le désespoir. Il redoute peut-être aussi pour lui-même d'entendre le bruit de la négation terrible qui est au fond de son cœur. Il aime à dire aux autres et, à son insu peut-être, il ne lui déplaît pas de se dire : « Si le sentiment patriotique n'est plus qu'une illusion, il exista réellement autrefois. » Et il revient aux anciens, aux Romains et aux Grecs, non que le penseur espère se convaincre que ce qui est chimère aujourd'hui n'était pas chimère il y a deux mille ans, mais le poète trouve ces histoires de l'antiquité belles et dignes d'être chantées, propres peut-être à distraire ses lecteurs du sentiment amer du néant des choses, et il les chante non comme réelles, mais comme si charmantes qu'on regrette qu'elles ne soient pas réelles. Et puis, n'oublions pas que Leopardi ne prétend pas qu'il soit bon de rechercher et de propager la vérité. Et s'il y a pour le sage, une fois les illusions tombées, une âpre satisfaction à savoir que rien n'est vrai, hormis la douleur, et à souffrir en connaissance de cause, est-il indispensable d'infliger cette science aux âmes ignorantes, faibles, et qui sont encore les dupes heureuses d'un mirage séduisant ? Ainsi la sœur du poète, cette aimable Pauline, que l'*Epistolario* nous a fait connaître, va laisser le nid paternel, *il patrio nido*, pour entrer dans la vie, pour se marier*. Leopardi, dans l'ode qu'il lui adresse à l'occasion de son mariage, l'année même de l'ode à Angelo Mai, va-t-il lui dévoiler tout d'un coup, à cette frêle jeune fille, l'accablante vérité? Il ne lui voudra dire que ce qu'elle en doit savoir pour que les premiers mécomptes ne lui soient pas trop cruels. Elle va, lui dit-il, se séparer des *fantômes riants et des erreurs fortunées* qui jusqu'alors ont embelli sa vie; elle va accroître la malheureuse famille de la malheureuse Italie :

> L'infelice famiglia all'infelice
> Italia accrescerai.

Il ne lui dit pas que ses fils tromperont fatalement toutes ses espérances puisque toutes les espérances humaines doivent être trompées. Non : il est une vertu farouche, haute, spartiate, à laquelle elle doit les porter : « Ou malheureux ou lâches seront tes fils : choisis-les malheureux :

> O miseri o codardi
> Figliuoli avrai. Miseri eleggi. »

« Hélas ! c'est trop tard, c'est dans le soir des

---

* On sait que ce mariage fut rompu et que Pauline, plusieurs fois fiancée, mourut fille

choses humaines que celui qui naît acquiert le mouvement et le sentiment :

> .... Ahi troppo tardi
> E nella sera delle umane cose,
> Acquista oggi chi nasce il moto e il senso. »

Que Pauline songe que son rôle de femme sera laborieux et fatigant. Les femmes peuvent beaucoup dans la société, et peut-être ont-elles une terrible part de responsabilité dans la dégénérescence de notre race. Mais les femmes ne sont-elles pas mauvaises, comme toutes choses au monde? Il n'en était pas ainsi autrefois : exemple, les fiancées lacédémoniennes et la généreuse Virginie. Et c'est par le récit de l'héroïsme de la jeune Romaine que finit la canzone, laissant l'âme de Pauline bien incertaine, bien troublée par ces sombres réflexions sans lien apparent, et cet aspect austère et inaccessible qui est donné au devoir. Mais n'a-t-elle pas entrevu le fond de la pensée de son frère? Leopardi, voulant avertir sa sœur, et peut-être avec elle les femmes de son temps, n'a-t-il pas laissé échapper le fatal secret? Qui peut se méprendre sur la pensée intime de cette ode étrange où la vertu est placée si haut qu'une femme n'y peut atteindre, ou si loin qu'elle disparaît presque dans les légendes d'un passé héroïque? En tout cas, on n'y voit point de succès possible pour la vertu. Quand le poète dit : « Choisis-les malheureux, » il ne veut pas dire : « Ils seront malheureux sans doute, mais ils seront utiles à leur pays. » Il songe à ce malheur en quelque sorte philosophique, c'est-à-dire à ce sentiment du néant, qui, s'il vient à naître dans une âme forte, trouve en lui-même une satisfaction.

Aux jeunes gens d'ailleurs, la même année, il parle un langage moins voilé : « Notre vie, leur dit-il, à quoi est-elle bonne ? seulement à la mépriser. Elle est heureuse alors qu'enveloppée dans les périls elle s'oublie elle-même, quand elle ne mesure pas la perte des heures vermoulues et lentes et n'en écoute pas la fuite; elle est heureuse, alors que, le pied poussé vers le passage léthéen, nous la revoyons plus attrayante :

> Nostra vita a che val? solo a spregiarla ·
> Beata allor che ne' perigli avvolta,
> Se stessa obblia, nè delle putri e lente
> Ore il danno misura e il flutto ascolta;
> Beata allor che il piede
> Spinto al varco leteo, più grata riede. »

Tels sont les derniers vers de l'ode *à un jeune homme vainqueur au jeu de ballon*, et il est difficile de se méprendre sur la portée de telles paroles. Ainsi le but de la vie, c'est le fleuve d'oubli, ce sont les eaux profondes et sûres où l'on s'abîme à jamais, c'est le néant où l'on arrive par l'oubli. Cette pensée est plutôt le préambule du *Brutus*,

qui nous attend à la page suivante, que la conclusion de ces promesses de gloire, de ces félicitations encourageantes qui sont semées dans les deux premières strophes. Mais nous savons maintenant comment se forme la pensée du poète et par où elle passe pour arriver, comme fatalement, à une formule pessimiste. Dans cette dernière ode, ce travail intérieur est plus apparent que dans les autres. Voici d'abord la première impression produite sur l'âme de Leopardi par le fait qui est l'occasion de la canzone, la victoire d'un jeune homme dans un jeu d'adresse noble et viril :
« Apprends, noble jeune homme, à connaitre le visage et l'agréable voix de la gloire et combien la vertu laborieuse est au-dessus d'un loisir efféminé... Toi, l'arène retentissante, le cirque et les frémissements de la faveur populaire t'appellent à des actes illustres ; toi, fier de ta jeunesse, la patrie aimée te prépare aujourd'hui à renouveler les antiques exemples :

   Di gloria il viso e la gioconda voce,
   Garzon bennato, apprendi,
   E quanto al femminile ozio sovrasti
   La sudata virtude . .
       . . . Te l'echeggiante
   Arena e il circo, e te fremendo appella
   Ai fatti illustri il popolar favore ;
   Te rigoglioso dell'età novella
   Oggi la patria cara
   Gli esempi antichi a rinnovar prepara »

Puis, comme toujours, Leopardi revient à l'antiquité, à la Grèce, où de semblables jeux formèrent peut-être les héros de Marathon, et, reproduisant dans le cours borné d'une composition lyrique les phases successives du développement de son esprit, il arrive par la Grèce, par l'étude des anciens, à une conception philosophique de la vie, à sa chère théorie de la douleur et du néant. Et si l'on ne voyait pas, dans cette canzone, l'abrégé de l'histoire de ses idées, comment rattacherait-on la stance troisième, toute désespérée, à la seconde où brille l'image fortifiante de la vertu grecque ?

« Sans doute, des jeux sont chose vaine. Mais la vie, n'est-elle pas plus vaine encore ?

> .... Le meste rote
> Da poi che Febo instiga, altro che giuoco
> Son l'opre de mortali ? ed è men vano
> Della menzogna il vero ?..... »

Voilà l'obscure et insuffisante transition qui relie ces deux développements lyriques, si contradictoires dans la forme, et pourtant si naturellement enchaînés dans l'esprit de Leopardi. Mais nous savons que les belles légendes antiques ont le privilège de faire ressortir aux yeux du philosophe l'horrible laideur de la réalité présente, que le dévouement de Léonidas lui rendait naguère plus sensible la lâcheté de ses contemporains, et qu'en tout cas c'est au sortir de son long commerce avec les anciens qu'il est devenu incrédule. Aussi ne sommes-nous point surpris que, brusquement, écoutant sa pensée réveillée, il se mette à chanter le mépris de la vie et l'espoir du néant pour terminer une ode inspirée en apparence par le spectacle de l'activité humaine qui s'exerce pour le progrès en haine de l'anéantissement et du *varco leteo*.

CHAPITRE V.

LES POÉSIES AMOUREUSES.

La philosophie de Leopardi et l'idée d'amour. Contradictions. — Etude de *Il sogno*; ressemblance avec le *Triomphe de la Mort* de Pétrarque. — Les autres poésies; impossibilité de concilier l'amour avec l'*infelicità*. *Amore e Morte*. — *A se stesso*; triomphe de l'idée philosophique.

I

La philosophie de Leopardi et l'idée d'amour.

ANS la conception philosophique de Leopardi, il n'y a pas de place pour l'amour, ou plutôt l'amour y doit être l'ennemi par essence du bonheur relatif que l'humanité peut trouver dans l'espérance de l'anéantissement. Aimer, c'est propager l'*infelicità* puisque c'est propager la vie. L'amour est une chimère, la plus riante peut-être, mais

aussi la plus redoutable qui puisse attarder le sage dans la poursuite du vrai bien, c'est-à-dire du non-être. Comme les modernes pessimistes allemands, c'est contre l'amour que Leopardi doit donc, s'il est logique, réserver le principal effort de sa dialectique. Il semble cependant qu'il n'en fasse rien. Il cherche même, par une étrange contradiction, à donner une place à l'amour dans son système et dans sa poésie. *L'Histoire du genre humain* nous montre l'Amour, touché de compassion pour les misères des hommes, obtenant de Jupiter la permission d'aller, de temps à autre, visiter et consoler la terre, et, dans les poésies, l'Amour est frère de la Mort : loin de combattre le désir du néant, il en est l'auxiliaire le plus ingénieux et souvent le plus efficace. Mais ce ne sont là que de passagères tentatives du poète pour s'accorder avec le philosophe, et Leopardi, porté comme malgré lui vers cette source traditionnelle d'inspiration poétique, s'en écartera bientôt, non sans quelque regret, pour revenir à sa pensée intérieure, un instant voilée par les paradoxes aussi bizarres qu'éloquents de la canzone *Amore e Morte*, mais qui va enfin se glorifier tout entière dans la *Ginestra*.

On devine déjà qu'il chantera l'amour à peu près comme il a chanté la patrie et comme il eût chanté la religion, si la rapide éclosion de sa pensée lui en avait laissé le temps. Il ne sera original que quand il sera lui-même, c'est-à-dire quand il célébrera sa pensée, inconciliable avec le sujet de ses poésies amoureuses, qui est emprunté à la tradition. Tant qu'il chantera l'amour comme on le chante, il sera banal ou médiocre, et il écrira trop comme tant d'autres ont écrit avant lui. Mais, à mesure qu'apparaîtra sa pensée, ses vers deviendront plus personnels, et d'autant plus beaux, d'autant plus touchants qu'ils deviendront plus philosophiques.

Toutefois, dans les poésies amoureuses, l'inspiration de Leopardi ne se transforme pas de la même manière que dans les poésies patriotiques. On y voit cette différence que cette transformation, qui a été rapide et visible dans les poésies patriotiques, est lente et parfois obscure dans les poésies amoureuses, de sorte qu'il serait possible de se faire plus longtemps d'illusion sur celles-ci et de ne pas voir tout d'abord combien elles sont creuses et fausses quand elles veulent exprimer l'amour comme on le conçoit et comme on l'a toujours conçu.

C'est peut-être que Leopardi a mis moins de temps à sentir le néant du patriotisme qu'à faire pénétrer dans son cœur cette idée que l'amour n'existe pas. Cependant sa raison, toujours rapide et sûre, n'avait guère hésité, et si nulle part, dans les œuvres morales, l'amour n'est proscrit nettement, le silence qui est gardé à l'endroit de ce grand consolateur de l'humanité n'équivaut-il pas à une négation formelle, surtout dans une œuvre où sont si curieusement examinés et déclarés faux tous les motifs que l'homme s'imagine avoir de croire ou d'espérer? Quant au rôle qui est prêté à l'amour dans la fantastique histoire du genre humain, ce rôle est en somme si petit, si insignifiant, cette intervention de l'amour est si rare et si courte quand elle se produit, que l'accès de bonté de Jupiter semble plutôt un accès d'ironie, comme pour mieux souligner l'humaine misère. D'ailleurs, si l'on y regarde de près, ce n'est pas de l'amour véritable qu'il s'agit, mais de l'*amore-larva*, le dernier survivant des fantômes que s'était forgé l'optimisme des mortels. Le sens de la conclusion allégorique de l'*Histoire du genre humain*, c'est donc que l'amour est la chimère que l'homme caresse le plus longtemps; mais, quel que soit le temps qu'on mette à s'en détacher, cette chimère n'est pas moins vaine que celles qu'on appelle la Patrie, la Religion, la Survivance de l'âme.

II

IL SOGNO.

La plus caractéristique des premières poésies amoureuses n'est, à notre avis, ni le *Premier amour*, ni la *Vie solitaire*, ni l'*Épouvante nocturne*, ni même ce gracieux *Consalvo* où quelques-uns ont vu le chef-d'œuvre de Leopardi ; c'est le *Songe*, parce que c'est dans le *Songe* que se rencontrent les plus distinctes des deux sources d'inspiration qui sollicitèrent le poète et le philosophe. On trouve dans ce poème, étrange et difficile à juger du premier coup, d'abord la tradition, c'est-à-dire Pétrarque, puis la négation très nette et très formelle des croyances qui dans Pétrarque donnent à l'amour sa raison d'être. Nous avons déjà analysé dans les poésies patriotiques cette inspiration complexe, souvent contradictoire, où la pensée personnelle de Leopardi dominait de plus en plus et finissait par écarter tout à fait l'élément factice et traditionnel. Ici une semblable étude, si elle était poussée dans le détail, offrirait cet intérêt de plus que si Pétrarque inspire à Leopardi la partie affirmative de son poème, il lui inspire aussi, jusqu'à un certain point, la partie négative, et si, en lui parlant de sa Laure, il lui donne le désir de chanter l'amour, il réveille indirectement en lui son incrédulité, son amour du néant, et toutes les vues philosophiques qui sont la négation de l'amour.

En effet, l'idée première du Songe se trouve, à n'en pas douter, dans un poème dont le titre seul devait attirer Leopardi et évoquer ses rêveries les plus intimes, dans le *Triomphe de la mort,* le plus beau peut-être et à coup sûr le plus ingénieux, non seulement des *Triomphes,* mais encore de tous les chants en l'honneur de Laure. On sait que dans les théories poétiques et religieuses de Pétrarque, l'amour humain va s'épurant, s'élevant peu à peu, jusqu'à ce qu'il atteigne à un degré céleste de perfection et qu'il se confonde dans l'amour divin. C'est là la conclusion de Canzoniere, comme c'est la conclusion de la vie mystique de Pétrarque. Or, dans les Triomphes, Pétrarque a voulu nous donner l'esprit de sa vie et de son œuvre amoureuse, et nous tracer l'histoire des évolutions successives de son être moral. Voici d'abord l'amour humain : il s'empare de l'âme du chrétien et y règne : c'est le *Triomphe de l'Amour.* On peut se résigner à ce triomphe, puisque l'Antiquité* nous montre ses dieux et ses héros en proie à l'Amour. Mais ce triomphe doit être passager. Chez l'homme fort, la vertu l'emporte bientôt sur l'Amour, et c'est là le *Triomphe de la Chasteté*. Puis vient la Mort qui triomphe à la fois de la Chasteté et de l'Amour, ensuite la Gloire qui triomphe de la Mort, le Temps qui triomphe de la Gloire et enfin la Divinité qui triomphe de tout.

C'est Dieu qui préside à tous ces triomphes; c'est Dieu, pour ainsi dire, qui les mène. Ces victoires successives de l'Amour, de la Chasteté, de la Mort, de la Gloire, du Temps, c'est Dieu qui les remporte. Laure n'a été qu'un instrument dans les mains divines pour éprouver, purifier, élever Pétrarque. Quand Pétrarque songe à Laure, il tient les yeux naturellement tournés vers le ciel. Tous ces triomphes pourraient s'appeler le Triomphe de la Foi, le Triomphe de l'Espérance chrétienne.

Nous voilà bien loin du pessimisme de Leopardi. Mais pour glorifier les choses divines, Pétrarque a abaissé les choses humaines. Comme l'ont fait tous les moralistes chrétiens, comme plus tard le fera Pascal, Petrarque a montré que cette vie n'avait point de prix, que tout n'était

---

* Rien n'est plus fréquent que ces arguments tirés, par les poètes religieux de la Renaissance, de la morale et de la religion païennes.

ici-bas que douleur, contrariété, illusion, chimère. Il a appelé la mort à grands cris : la mort est la grande libératrice, puisqu'elle nous fait passer d'une vie de misère à une vie de félicité. Or, un pessimiste ne peut-il pas trouver son compte dans ce chapitre de la philosophie chrétienne? Laissant de côté les affirmations de Pétrarque, il verra ses propres pensées dans la démonstration de la vanité des choses humaines. Et d'ailleurs, croit-on que tous les admirateurs des pensées de ce Pascal, auquel on songe malgré la diversité des doctrines quand on lit Leopardi, soient des chrétiens ou même des spiritualistes convaincus? Sont-ils même bien nombreux, les dévots fervents qui se plaisent en sécurité à l'étude de Pascal? Ne craindraient-ils pas d'emporter d'une telle étude non pas un surcroît de grâce et de foi, mais cette conviction douloureuse de la réalité de l'humaine misère, capable, pour certains esprits, de tenir lieu de toute une philosophie?

Quoi qu'il en soit, quand Pétrarque disait : « Depuis que sous le ciel j'ai vu que rien n'était stable ni ferme, tout éperdu, je me suis retourné et j'ai dit : Regarde; à quoi peux-tu croire? — Je me suis répondu : Au Seigneur, qui n'a jamais manqué de parole à qui se fie en lui.

Da poi che sotto 'l ciel cosa non vidi
Stabile e ferma, tutto sbigottito

> Mi volsi, e dissi guarda, in che ti fidi ?
> Risposi : Nel Signor che mai fallito
> Non ha promessa a chi si fida in lui*. »

Leopardi n'écoutait pas la réponse ; il n'entendait que la question : *In che ti fidi ?* et il trouvait des formes toutes prêtes pour son incrédulité dans des vers comme ceux-ci : « Malheureux qui place ses espérances dans une chose mortelle ! (mais qui ne les y place pas ?), et si en fin de compte il se trouve trompé, il l'a bien mérité**... O humaines espérances fausses et aveugles*** !

> Miser chi speme in cosa mortal pone !
> (Ma chi non ve la pone?) e s' ei si trova
> Alla fine ingannato, è ben ragione.
> . . . .
> O umane speranze cieche e false ! »

Il était même tellement frappé de la ressemblance de ces pensées avec les siennes que plus tard, dans son édition de Pétrarque, il inscrivait en tête du *Triomphe de la Mort*, à titre d'épigraphe explicative et au risque de trahir l'auteur qu'il commentait, ces trois vers du *Triomphe* même, si peu chrétiens si on les isole, et si orthodoxes et si

* *Trionfo della Divinità*, 1-5
** *Trionfo della Morte*, 85-88
*** Ibid, 129.

I.

encourageants si on les lit en leur place : « O aveugles ! à quoi bon vous donner tant de mal ? Vous retournez tous à la grande mère antique et votre nom à peine se retrouve :

> O ciechi, il tanta affaticar che giova?
> Tutti tornate alla gran madre antica,
> E il nome vostro appena si ritrova[*].

Mais ce n'est pas seulement l'écho de ces exclamations douloureuses que l'on retrouve dans le *Songe* de Leopardi : le sujet même, comme on va le voir, est emprunté au *Triomphe de la Mort*.

Dans Pétrarque, Laure, morte depuis un jour, apparaît à son amant, le visage doucement coloré comme celui de l'Aurore, la tête couronnée de pierreries orientales, et entourée de tous les heureux du Paradis, resplendissants comme elle. Elle s'assied avec Pétrarque sur une rive ombragée d'un beau laurier et d'un hêtre, et une conversation s'engage entre ce vivant et cette élue sur leur amour que la mort semblait hier avoir interrompu. Cette conversation dont la beauté consiste dans les nuances les plus fines de la pensée et de la parole, il est également malaisé de l'analyser et de la traduire. Jamais l'amour chrétien n'a été exprimé avec plus de délicatesse et plus de précision. Jamais poète, si ce n'est Dante, n'a mêlé, en cette proportion exquise, les ardeurs humaines

[*] *Trionfo della Morte*, 104 109.

à la sérénité céleste. Laure est devenue un être divin sans cesser d'être une femme; elle a gardé au delà de cette vie cette beauté d'âme, cette pureté de cœur qui se laissaient voir dans ses yeux. Sans pédanterie, sans formules scholastiques, sans rien de cette subtilité qui nous fatigue parfois dans les sonnets, elle explique comment elle n'a, sur la terre, songé qu'à Dieu, sans cesser toutefois de songer à Pétrarque, ou, pour mieux dire, comment la pensée de Dieu et la pensée de Pétrarque se fondaient dans son âme en une seule et même pensée. Sauver Pétrarque et se sauver elle même, elle n'a pas eu d'autre but. Et comme son amant veut savoir quelle était la cause de ses froideurs, de ses dédains succédant, sans raison apparente, à d'aimables et accueillantes paroles, elle lui répond en souriant, que si parfois elle le traitait mal, c'était pour ne pas trop l'encourager à se distraire du ciel et à se perdre. Puis, quand elle le voyait vaincu par la douleur, elle tournait vers lui ses yeux doucement, « sauvant, dit-elle. ta vie et notre honneur. Et quand ta passion était trop violente, sur mon front et dans ma voix, en te saluant, je mis tantôt de la crainte, tantôt de la douleur. Tels furent avec toi mes ruses et mes artifices :

> Poi se vinto te vidi dal dolore,
> Drizzai 'n te gli occhi allor soavemente,
> Salvando la tua vita e 'l nostro onore.

> E se fu passion troppo possente,
>   E la fronte e la voce a salutarti
> Mossi or timorosa ed or dolente.
> Questi fur teco mie' ingegni e mie' arti*, »

Pétrarque ne pouvant croire à tant de sympathie, Laure lui fit entendre qu'elle l'aimait, mais avec une grâce pudique auprès de laquelle la réserve des plus chastes héroïnes de notre Racine paraît presque de la hardiesse. Dante seul a de ces délicatesses infinies, et la seule Béatrice a eu aux lèvres ce sourire divin. » Homme de peu de foi ! aujourd'hui (ne le sais-tu pas ?) si ce n'était pas bien vrai, pourquoi te le dirais-je ?... Sur terre as-tu plu à mes yeux ? là-dessus je me tais. Pourtant cette douce chaîne qui captivait ton cœur me plut beaucoup... et je n'ai jamais trouvé à redire dans ton amour que le manque de mesure :

> Di poca fede ! or io, se nol sapessi,
>   Se non fosse ben ver, perchè 'l direi ?.,
> S'al mondo tu piacesti agli occhi miei,
>   Questo mi taccio, pur quel dolce nodo
> Mi piacque assai ch' intorno al cor avei .
> Ne mai 'n tuo amor richiesi altro che modo **. »

« Cela seul manqua ; et tandis que dans des attitudes douloureuses tu voulais me montrer ce que

---

* *Trionfo della Morte*, 88 94.

** Ibid, 124 132.

je voyais toujours, tu ouvris à tout le monde le secret de ton cœur ; de là mes froideurs, dont tu te consumes encore maintenant. Dans les autres choses, notre concorde était bien celle qu'établit l'amour quand la vertu le tempère :

> Quel mancò solo ; e mentre in atti tristi
> Volei mostrarmi quel ch'io vedea sempre,
> Il tuo cor chiuso a tutto il mondo apristi.
> Quinci 'l mio gelo, ond' ancor ti distempre ·
> Che concordia era tal dell' altre cose,
> Qual giunge Amor, pur ch'onestate il tempre*. »

Enfin, sans embarras, en pur esprit, elle lui dit : « Elles furent presque égales en nous deux, les flammes amoureuses, du moins après que je me fus aperçue de ton feu ; mais l'un fit paraître son amour, l'autre le cacha.

> Ma l'un l'appalesò, l'altro l'ascose**. »

Et elle rappelle, non sans ironie, combien Pétrarque fut indiscret à son sujet : « La douleur d'amour n'est pas moindre parce qu'on la cache, et elle n'est pas plus grande parce qu'on va se lamentant ; la fiction ne grandit ni n'atténue la vérité. Mais, du moins, n'ai-je pas rompu tout voile, le jour où, seule avec toi, j'accueillis tes

---

* *Trionfo della Morte*, v 133-139.
** *Ibid*, v 139-141

paroles par ces mots de la chanson : *En dire plus, notre amour n'ose ?* Avec toi était mon cœur ; mais je sus contenir mes yeux, et tu te plains, comme d'un partage injuste, de ce que je t'ai donné le meilleur et le plus, t'enlevant le moins *... » Elle termine, pour ne pas laisser son amant « sans une conclusion qui lui soit agréable ** », en lui disant qu'elle n'a eu qu'un ennui, qui a été d'être née dans un pays bien humble au prix de Florence, « le nid fleuri » de son amant, comme elle l'appelle, et d'avoir risqué, en naissant si loin de Pétrarque, de ne pas être aimée par lui. Elle disparaît en lui disant qu'il restera encore loin d'elle sur la terre.

Tel est ce poëme, œuvre d'un homme qui a aimé, qui a vécu, et à qui les années n'ont pas seulement donné la science de l'idéalisme chrétien, mais aussi, par des expériences personnelles, celle du cœur humain, dans ce qu'il a de plus intime et de plus vrai. Or Leopardi n'avait pas vingt ans quand il voulut, lui aussi, revoir sa maîtresse morte et avoir sa vision. Il feignit qu'une ombre aimée lui apparaissait, et qu'ils s'entretenaient tous deux un instant, comme Laure et Pétrarque : « C'était le matin, et à travers les volets fermés, par le balcon, le soleil insinuait dans ma chambre

---

* *Trionfo della Morte*, v. 145-154.
** Ibid., v. 161.

sombre sa première blancheur, quand, au moment où le sommeil plus léger et plus suave ferme les paupières, se dressa près de moi et me regarda au visage le fantôme de celle qui la première m'enseigna l'amour, puis me laissa dans la plainte. Elle ne semblait pas morte, mais triste, et telle que nous paraissent les malheureux. Elle approcha sa droite de ma tête, et, soupirant : Tu vis, me dit-elle, et tu ne conserves aucun souvenir de nous? — D'où, répondis-je, et comment viens-tu, chère beauté?

> Era il mattino, e tra le chiuse imposte
> Per lo balcone insinuava il Sole
> Nella mia cieca stanza il primo albore,
> Quando in sul tempo che più lieve il sonno
> E più soave le pupille adombra,
> Stettemi allato e riguardommi in viso
> Il simulacro di colei che amore
> Prima insegnommi, e poi lasciommi in pianto.
> Morta non mi parea, ma trista, e quale
> Degl' infelici è la sembianza Al capo
> Appressommi la destra, e sospirando,
> Vivi, mi disse, e ricordanza alcuna
> Serbi di noi? Donde, risposi, e come
> Vieni, o cara beltà? »

Ce début n'est-il pas d'un jeune homme, qui s'ignore et qui imite gauchement? Pétrarque nous dit que Laure lui apparut « à l'heure où la nuit répandait par l'air la douce fraîcheur de l'été qui, avec la blanche amie de Tithon, ôte leur voile aux songes confus, quand une femme, etc. » Il nous transporte dans un merveilleux mythologique, conforme au goût du temps; et, sans nous dire où nous sommes, sans faire ressortir par des détails topographiques l'invraisemblance de la merveille qu'il va conter, il évoque l'ombre de Laure. Leopardi nous mène dans sa chambre, nous prévient que les volets sont fermés, qu'il y fait nuit, que le soleil se glisse par le balcon, sans songer qu'il nous met ainsi en défiance contre le surnaturel, et tout cela parce que Pétrarque a placé son rêve le matin, et qu'il veut, en vrai élève, développer ces mots : *Era il mattino*. Aussi ne peut-il s'empêcher, tant l'apparition de sa dame est invraisemblable, de lui dire, ou à peu près, *par où es-tu venue ?* au risque de faire sourire en une chose si sérieuse. Le souvenir obstiné de Petrarque vient à chaque instant gâter le plaisir qu'on pourrait prendre à la lecture de cette pièce. Ainsi Pétrarque avait demandé à Laure si elle l'avait aimé pendant la vie, et les idées chrétiennes sur l'amour donnaient un grand intérêt à la réponse de Laure : Leopardi demande, lui aussi, à sa dame si elle l'a aimé, et la réponse de l'ombre évoquée ne nous intéresse guère, nous qui avons été rendus difficiles par les fines et angéliques théories de Laure au sujet de son amour pour Pétrarque et de son amour pour Dieu. N'est-ce pas aussi une réminiscence, et plus froide encore, quand il demande à l'Apparition de lui donner la main et que l'Apparition la lui donne? « Et cette main si désirée jadis, avait dit Pétrarque, elle me la tendit en parlant et en soupirant : d'où une éternelle douceur au cœur m'est née :

Ond' eterna dolcezza al cor m'è nata*. »

Dans Leopardi, cet incident est singulièrement développé : ce n'est qu'après d'instantes supplications de son amant que sa dame lui accorde cette faveur, et comme nous ne savons rien sur elle, comme nous ignorons jusqu'à quel point Leopardi a souffert de sa froideur, ou plutôt comme nous sentons qu'elle n'est qu'une abstraction poétique, nous ne sommes guère touchés de ce serrement de mains, au lieu que, dans le Triomphe, nous savons que Pétrarque a été rebuté pendant de longues années, et cette amicale étreinte est comme le dénoûment humain de l'amoureuse histoire qui nous est racontée tout au long dans le Canzoniere. Mais c'est plus encore : c'est l'adieu de Laure aux sentiments terrestres : désormais ses paroles et son attitude seront toutes célestes, comme ses pensées et son être.

En somme, Laure nous intéresse parce qu'elle vit d'une vie supérieure, plus vraie et plus intense

* V. 13.

que la vie d'ici-bas. La dame de Leopardi nous laisse aussi froids que naguère sa personnification de l'Italie, parce qu'elle n'a jamais vécu, même dans le cœur du poète. Mais voici que Leopardi, par la bouche de ce fantôme, nie la vie future et proclame le néant, réfutant, par une négation sans réserve, les théories chrétiennes de Pétrarque :
« Or, finalement adieu, dit-elle. Nos malheureuses âmes et nos chairs sont séparées pour l'éternité. Pour moi, tu ne vis plus et jamais tu ne vivras : déjà le destin a rompu la foi que tu m'as jurée :

>Or finalmente addio.
>Nostre misere mente e nostre salme
>Son digiunte in eterno. A me non vivi
>E mai più non vivrai : già ruppe il fato
>La fe che mi giurasti. »

Voilà des pensées personnelles et sincères. Mais que font-elles en cette pièce érotique, sinon de montrer la fausseté et le vide des amoureux propos qui précèdent ? Qu'est-ce que l'amour, s'il périt avec nous? N'eût-elle pas dû lui dire, à son poète, cette ombre adorée qui ne vit plus pour lui : L'amour est une chimère, pour qui vit comme toi en vue du néant? C'est une duperie que se forgent pour eux-mêmes de candides hypocrites afin de se distraire un instant de l'approche de cette mort où cependant se trouve la seule espérance, la seule félicité. Les esprits sincères et fiers comme le tien n'ont pas besoin de ces jouets pour prendre patience. Ils laissent aux optimistes et aux versificateurs le soin de chanter cette banale et vaine illusion. — C'était bien d'ailleurs à peu près ce que le philosophe disait au poète, et il y eût eu là, pour un Leopardi plus détaché du désir de suivre ses devanciers, la matière d'un piquant dialogue, comme il les aimait, entre la Raison et la Muse. Mais telle était pour Leopardi la force de la tradition (et peut-être, quoi qu'il en eût, de la vérité) qu'il ne pouvait, comme poète, se résigner à croire que l'amour, glorifié par Dante et par Pétrarque, ne fût pas pour lui, de même que pour eux, la vraie source de la poésie. Si sa philosophie lui disait : Comment chanter ce qui n'existe pas ? ses souvenirs classiques, incessamment renouvelés par l'étude, lui montraient les sublimes figures de Béatrice et de Laure, et il essayait de laisser à la postérité une Nérine et une Sylvie, quand sa vraie maîtresse était sa pensée pessimiste, qui seule, dans ses poésies, est poétique, parce que seule elle est vraie. Qu'est-ce, en effet, que cette Nérine, qui apparait à la fin des *Ricordanze*, sinon une figure de convention, formée de traits empruntés à toutes les héroïnes de la poésie italienne ? Qu'ont-ils de nouveau, ces regrets sur la mort d'une jeune fille aimée ? Le printemps est revenu, et Leopardi n'a pas sa Nérine : elle s'en est allée dans la fleur de sa vie : « Si je vais encore parfois aux fêtes et aux réunions, en moi-même je me dis : O Nérine, aux fêtes et aux réunions tu ne te prépares plus, tu n'y vas plus. Si mai revient, si les amants vont porter aux jeunes filles des bouquets et des chants, je dis : Ma Nérine, pour toi jamais ne revient le printemps, jamais ne revient l'amour. Chaque jour serein, chaque plage fleurie que je vois, chaque plaisir que je sens, je dis : Nérine maintenant n'a plus de plaisirs ; les champs, l'air, elle ne les voit plus :

> Se a feste anco talvolta
> Se a radunanze io movo, infra me stesso
> Dico o Nerina, a radunanze, a feste
> Tu non ti acconci più, tu più non movi.
> Se torna maggio, e ramoscelli e suoni
> Van gli amanti recando alle fanciulle,
> Dico. Nerina mia, per te non torna amore.
> Ogni giorno sereno, ogni fiorita
> Piaggia ch'io miro, ogni goder ch'io sento,
> Dico · Nerina or più non gode, i campi,
> L'aria non mira. »

A qui veut-il faire illusion en exprimant, dans sa langue exquise et sobre, ces banalités amoureuses? Est-ce au lecteur? est-ce à lui même? Et pourtant il est sincère en ses inconséquences. Il prétend chanter ses illusions d'autrefois, le jeune homme, l'adolescent qu'il était, quand son cœur battait pour Nérine. Ce *fugitif instant*, il ne dit pas comme Musset (et pour cause) *qu'il fut toute sa vie,* cependant il y veut croire et il ne saurait l'oublier. Mais quelles réserves destructrices ne fait-il pas en passant ! « Fantômes, j'entends, sont la gloire et l'honneur; plaisirs et biens, purs désirs; la vie n'a pas un fruit, inutile misère. Et bien que vides soient mes années, bien que désert, obscur soit mon état mortel, peu m'a enlevé la fortune, je le vois bien :

> Fantasmi, intendo,
> Son la gloria e l'onor, diletti e beni
> Mero desio, non ha la vita un frutto,
> Inutile miseria. E sebben vôti
> Son gli anni miei, sebben deserto, oscuro
> Il mio stato mortal, poco mi toglie
> La fortuna, ben veggo. »

Ainsi la vie n'a pas un fruit, il le sait, il ne l'oublie pas, même dans les rêves dorés des souvenirs juvéniles. Une seule chose a du prix, c'est la douceur du jour fatal, *la dolcezza del dì fatal.*

Il ne renonce pas cependant à chanter l'amour comme on le chante, et il renouvelle, sans doute à la même époque, dans le *Risorgimento,* avec un autre mètre, la tentative des *Ricordanze.* Cette fois il s'agit de la joie délicate d'un cœur qui s'était cru mort et qui recommence, après un long engourdissement, à aimer et à souffrir. Mais à Pétrarque aussi le mal d'aimer avait été cher; lui aussi, il avait craint, en des heures de sécheresse, de ne plus connaître les nobles douleurs, et il avait éprouvé de l'allégresse en sentant s'allumer de nouveau en lui la flamme divine de l'amour. Souffrir, c'est vivre, et les plus atroces déchirements sont préférables, pour l'élite, à cette paix vide et morte d'un cœur que rien n'émeut plus. Plus d'une fois ces idées, fortifiées par le mysticisme chrétien, se retrouvent dans les controverses amoureuses où se complaisait la subtilité du moyen âge. Leopardi ne les a pas plus inventées que ne les ont inventées plus tard Victor Hugo et Musset. Mais les autres poètes du xixe siècle ont rajeuni ces sentiments antiques en les éprouvant de nouveau. Ils ont aimé, ils ont cru à l'amour, alors même qu'ils paraissaient ne guère croire aux autres sentiments, et ils nous ont convaincus quand ils nous ont dit : Aimer, souffrir, c'est quelque chose, *et le reste n'est rien*; tandis que ce n'est pas à l'amour que Leopardi prétend demander encore ses délicieuses souffrances, mais à l'ombre de l'amour, à un fantôme comme ceux dont il parlait dans les *Ricordanze*. Ce qu'il appelle, ce n'est pas le retour d'un sentiment vrai, c'est une heureuse erreur, *error beato*, répétant par deux fois cette expression, crainte qu'on ne s'y méprenne, et revenant ainsi à sa philosophie, qui est son vrai amour. « Je sais, dit-il avec une brièveté éloquente, je sais que la nature est sourde, qu'elle ne sait pas avoir pitié, qu'elle ne

fut pas inquiète du bien, mais seulement de
l'être :

> So che natura e sorda
> Che miserar non sa,
> Che non del ben sollecita
> Fu, ma dell' esser solo »

III

AMORE E MORTE.

Toutefois, si l'amour est vain, si dans les yeux
des femmes « ne brille aucune affection inconnue
et intime, si cette blanche poitrine ne renferme
en elle aucune flamme », si rien de réel ne répond
à ces paroles d'amour que Leopardi a voulu pro-
noncer, à l'imitation des grands poètes, n'est-il
pas possible d'élever ce sentiment vanté, quel qu'il
soit, si haut dans sa pensée qu'il devienne comme
un idéal inaccessible et pourtant consolateur et
poétique? Sans doute les femmes ne sont pas plus
belles qu'elles ne sont aimables. L'amour est un

mensonge. Ne peut on cependant chanter, sous le nom de beauté, non pas quelque chose qui existe dans un *au delà* inconnu, puisqu'il n'y a point d'au delà, mais du moins cet ensemble d'émotions vagues et délicieuses, cette élévation de l'âme accompagnée d'un intime frémissement, ce je ne sais quoi qui fait qu'on pleure, qu'on tressaille et qu'on est un instant un homme plus vivant dans la souffrance et dans la joie? Et si c'est encore donner trop de réalité à ce qui n'est pas, cette lueur fugitive laissée dans l'âme par la croyance, aussitôt disparue, à la réalité d'un fantôme charmant, ou par la contagion des émotions d'autrui, de ce Pétrarque ou de ce Dante que l'on relit chaque jour, cette lueur qui tremble et qui va s'éteindre, pourquoi ne pas l'entretenir pieusement, et tout en regrettant qu'elle ne soit qu'une apparence, pourquoi ne pas la faire servir à éclairer, à transfigurer tout le monde de la pensée? Quoi qu'il en soit, Leopardi s'apprête, dans le *Pensiero dominante*, à chanter la *beauté*. Après tout, de toutes ses illusions, c'est la seule qui lui ait été fidèle. Il n'y croit plus, mais il veut l'aimer, il veut la glorifier, et il l'aime, et il la glorifie. Cette fois, il est ému, et nous sommes émus avec lui. Plus de contrainte, plus de contradictions, plus de réminiscences des maîtres. Il est libre, vrai, original. On est ravi de ces accents dédaigneux sans mélancolie, avec lesquels il célèbre sa pensée intime et méprise les hypocrites qui nient cette pensée ou les médiocres qui ne la comprennent pas. Le style est net et fort comme l'idée. Ces strophes légères et ces sentiments graves ne doivent rien à la tradition ni à Pétrarque : on dirait que l'âme de notre poëte, si longtemps obscurcie par la rouille de l'imitation, s'est enfin dégagée et ouverte, offrant aux yeux tout le trésor si neuf de ses idées intimes. On a le plaisir d'admirer sans restriction, sans arrière-pensée, sans scrupule, une poésie aussi franche et aussi ingénue qu'elle est neuve et fine, quand on lit des vers comme ceux-ci, beaux et purs comme ceux des plus grands maîtres : « Toujours les couards et les âmes non généreuses et abjectes, je les ai eus en mépris. A présent tout acte indigne blesse soudain mes sens; mon âme à tout exemple de l'humaine vileté s'émeut soudain pour l'indignation. Cet âge superbe, qui de vides espérances se nourrit, épris de riens et ennemi de la vertu, sot qui réclame l'utile et ne voit pas que la vie devient toujours plus inutile; — je me sens plus grand que lui. Je méprise les jugements humains; et le vulgaire inconstant, ennemi des belles pensées, et ton digne contempteur (ô ma pensée), je le foule aux pieds :

> Sempre i codardi, e l'alme
> Ingenerose, abbiette
> Ebbi in dispregio. Or punge ogni atto indegno

> Subito i sensi miei;
> Move l'alma ogni esempio
> Dell'umana viltà subito a sdegno.
> Di questa età superba,
> Che di vote speranze si nutrica,
> Vaga di ciance, e di virtù nemica;
> Stolta, che l'util chiede,
> E inutile la vita
> Quindi più sempre divenir non vede,
> Maggior mi sento. A scherno
> Ho gli umani giudizi, et il vario volgo
> A'bei pensieri infesto,
> E degno tuo disprezzator, calpesto*. »

Leopardi ne puise pas seulement dans les sentiments dont il parle en ces termes le mépris, tour à tour serein et indigné, des bassesses d'autrui : il y trouve la joie, la paix, la tranquille et complète possession de lui-même. La vie même, cette ennemie odieuse dont il lui tarde tant d'être délivré, lui parait un instant presque supportable : « La vie n'a pas de prix, la vie n'a pas de raison d'être sinon par elle (par cette pensée), par elle qui pour l'homme est tout : seule elle disculpe le destin qui nous a mis sur terre, nous autres mortels, pour souffrir tant, sans aucun fruit : par elle seule quelquefois, non pour les sottes gens, mais pour

---

* Comparer les odes de Parini : le même accent de fierté s'y retrouve plus d'une fois. Leopardi doit beaucoup à l'auteur du *Giorno*.

les cœurs nobles, la vie est plus belle que la mort :

> Pregio non ha, non ha ragion la vita
> Se non per lui, per lui ch'all' uomo è tutto :
> Sola discolpa al fato,
> Che noi mortali in terra
> Pose a tanto patir senz' altro frutto ;
> Solo per qui talvolta,
> Non alla gente stolta, al cor non vile
> La vita della morte è più gentile. »

Et quelle est donc cette douce pensée, *dolce pensiero*, qui rétablit un moment l'équilibre et l'harmonie dans l'âme du poète? Il nous l'a dit : c'est l'*angelica beltade*, c'est cette chimère, cette ombre d'un rien, qui, toute vaine qu'elle est, s'attache à nous opiniâtrément et « nous suit jusqu'à la tombe ». Mais quoi? ce quelque chose d'indéfinissable et qu'en effet nous tentions vainement de définir tout à l'heure, qui n'est pas l'amour, puisque ce n'est qu'un fantôme, et qui n'est pas une idée innée, puisqu'il n'y a de vrai que le néant, ce mensonge aurait pu inspirer ces beaux vers? Cet éloquent dédain et cette allégresse superbe viendraient d'une idée fausse et que le poète lui-même proclame fausse? Étrange poème dont l'idée inspiratrice est une erreur avouée, et où cependant vit la plus vivante des poésies ! La raison de cette singularité est que Leopardi a dit et s'est dit qu'il allait chanter la Beauté, sous le nom de pensée dominante, mais qu'en réalité c'est encore une fois sa pensée à lui qu'il a chantée. Dans les autres poésies, il finissait toujours par y venir, à cette pensée toute-puissante, mais après des détours et par d'obscures transitions. Cette fois sa méprise a été complete. Il a senti dans son âme un élan et un enthousiasme bien réels, analogues à l'émotion qu'il avait trouvée dans les poésies des trécentistes, et il s'est dit : « Voilà peut-être l'amour, voilà peut-être la beauté. » Et il a été inspiré, non par l'amour ni par la beauté, mais par cette pensée philosophique qui maintenant, non seulement le possède, mais ne souffre plus, même poétiquement, ces chimères et ces illusions inconciliables avec la théorie de l'*infelicità*. La certitude et le plaisir de posséder la vérité, et non pas la vue de la beauté, inspirent au poète ces dédains du vulgaire et lui rendent un moment la vie supportable. C'est que rien ne nous rend si heureux, rien n'ouvre au dedans de nous les sources secrètes de la poésie, comme de nous sentir enfin subjugués par une pensée bien à nous, si négatrice qu'elle puisse être de tout bonheur et de toute poésie. L'homme qui a ainsi mis une fois l'ordre et l'unité dans son âme, en soumettant cette âme tout entière à une pensée dominante, ressent quelque chose de la volupté de ceux qui aiment : il peut, comme Leopardi, prendre sa pensée pour une maîtresse et la glorifier comme on glorifie la beauté. D'ailleurs, n'est-ce pas aimer que d'aimer sa pensée, et, pour un Leopardi, n'est-ce pas le vrai, le seul amour?

L'autre amour, l'amour comme on l'entend, devait pourtant lui inspirer un second poème, le plus bizarre et le plus faux de tous, *l'Amour et la Mort*, souvent cité et admiré, mais, à notre avis, inintelligible, si on ne le considère pas comme une tentative suprême faite par Leopardi pour concilier sa philosophie avec les sujets habituels de la poésie. Pourquoi, pessimiste, a-t-il chanté l'amour? Parce que l'amour et la mort sont frères. Aimer, c'est désirer de mourir*. La preuve, c'est que, lorsqu'on commence à aimer on voudrait ne plus

---

* Aucun poète, aucun philosophe n'a tenté d'associer ainsi l'amour et la mort. Il faut chercher dans les sophismes éloquents de Proudhon pour rencontrer des pensées analogues, et encore qui ne voit, par cette citation-ci, que le point de vue de Proudhon n'est pas celui de Leopardi, bien que les expressions soient presque les mêmes?

« Soit donc que je considère la mort du point de vue de la nature, soit que je l'envisage à celui de la justice, elle m'apparaît comme la consommation de mon être, et plus je consulte mon cœur, plus je m'aperçois que loin de la fuir avec effroi j'y aspire avec enthousiasme...

« La mort, dans le vœu de la nature, est adéquate à la félicité la mort, c'est l'amour...

« Celui qui aime, veut mourir. »

(*De la Justice dans la Révolution et dans l'Église*, t. II, p. 125-126.)

vivre : « Quand nouvellement nait dans le cœur profond une amoureuse passion, en même temps qu'elle, dans le cœur languissant et fatigué, un désir de mourir se fait sentir. Comment? je ne sais. Mais tel est le premier effet de l'amour vrai et puissant :

> Quando novellamente
> Nasce nel cor profondo
> Un amoroso affetto,
> Languido e stanco insieme con esso in petto
> Un desiderio di morir si sente :
> Come, non so : ma tale
> D'amor vero e possente e il primo effetto. »

Quand la nature tout entière ne protesterait pas contre cette affirmation, Leopardi ne s'était-il pas réfuté d'avance lui-même? N'avait-il pas dit dans maint endroit qu'aimer c'était vivre? N'avait-il pas écrit dans le *Risorgimento*, au moment où il croyait aimer de nouveau : « Avec moi recommencent à vivre la plage, le bois, la montagne; la fontaine parle à mon cœur, la mer s'entretient avec moi?

> Meco ritorna a vivere
> La piaggia, il bosco, il monte,
> Parla al mio core il fonte,
> Meco favella il mar »

Aussi s'aperçoit-il qu'il a besoin de faits pour prouver que l'amour et le désir de mourir naissent en même temps dans l'âme et sont *frères*. Il va sans dire qu'il n'en trouve pas, pas plus dans son expérience que dans celle d'autrui. Mais ayant remarqué que le mal d'aimer menait parfois au suicide, il s'appuie, pour justifier son dire, sur les morts volontaires provoquées par l'amour. Mainte femme n'a pas craint de se tuer quand elle aimait : donc aimer, c'est vouloir mourir : « Même la jeune fille timide et réservée, qui d'ordinaire au nom de la mort sent se dresser ses cheveux, ose sur la tombe et les voiles funèbres affermir son regard plein de constance; elle ose méditer longuement le fer et le poison, et dans son âme ignorante elle comprend la douceur de mourir :

> Fin la donzella timidetta e schiva,
> Che già di morte al nome
> Senti rizzar le chiome,
> Osa alla tomba, alle funeree bende
> Fermar lo sguardo di costanza pieno,
> Osa ferro e veleno
> Meditar lungamente,
> E nell'indotta mente
> La gentilezza del morir comprende »

Ainsi l'ouvrière qui allume un réchaud n'est pas réduite au désespoir par l'infidélité ou la froideur de son amant, mais elle a compris subitement que tout était vain dans cette vie et que le néant seul était quelque chose. D'où vient alors que l'amour heureux n'a poussé personne au suicide? — Mais à quoi bon insister? Plein de son pessimisme, Léopardi voit partout le désir de la mort, et pour s'accorder avec sa philosophie, sa poésie fausse la nature et invente des faits. L'incomparable pureté du style et l'harmonie des vers ne peuvent nous faire prendre au sérieux ces sophismes inconcevables, auxquels Léopardi lui-même ne s'attarde pas longtemps. *L'Amour et la Mort* n'est qu'un caprice de sa fantaisie, ou, pour mieux dire, c'est la crise suprême dans laquelle son génie poétique rompt tout à fait avec les derniers liens qui l'attachaient à la tradition et à la convention. Le voici, à la page suivante, qui donne enfin congé, et pour jamais, à ces chimères et à ces jeux d'esprit qui l'ont retenu trop longtemps en dehors de sa pensée. C'est une pièce courte*, concise, presque sèche à force de brièveté, mais pourtant éloquente et dramatique à sa manière, parce qu'elle marque que Léopardi veut enfin être lui et rien que lui, et que dans sa poésie comme dans sa philosophie, il n'y aura plus d'autre sentiment qu'un entier désespoir. Point de mélancolie, à cette heure décisive : de la sérénité, presque de l'orgueil. Il faut citer toute cette poésie, si peu remarquée d'ordinaire, et pourtant si originale, si caractéristique. Elle résume et elle confirme tout ce que nous avons dit sur la vanité de l'inspiration amoureuse dans l'œuvre de Léopardi :

---

* *A se stesso.*

« Maintenant tu te reposeras pour toujours, mon cœur fatigué. Elle a péri, l'erreur suprême que j'ai crue éternelle pour moi. Elle a péri. Je sens bien qu'en nous des chères erreurs non seulement l'espoir, mais le désir est éteint. Repose-toi pour toujours. Tu as assez palpité. Aucune chose ne mérite tes battements, et de tes soupirs la terre n'est pas digne. Amertume et ennui, voilà la vie : elle n'est rien d'autre, le monde n'est que fange. Repose-toi désormais. Désespère à jamais. A notre race le destin n'a donné que de mourir. Méprise désormais et toi-même, et la nature, et le pouvoir honteux, qui, caché, règne pour la ruine commune, et l'infinie vanité de ce tout.

>   Or poserai per sempre,
> Stanco mio cor. Perì l'inganno estremo
> Ch' eterno io mi credei. Perì. Ben sento,
> In noi di cari inganni,
> Non che la speme, il desiderio è spento.
> Posa per sempre. Assai
> Palpitasti. Non val cosa nessuna
> I moti tuoi, nè di sospiri è degna
> La terra. Amaro e noia
> La vita, altro mai nulla, e fango è il mondo.
> T'acqueta omai. Dispera
> L'ultima volta. Al gener nostro il fato
> Non donò che il morire. Omai disprezza
> Te, la natura, il brutto
> Poter che, ascoso, a comun danno impera,
> E l'infinita vanità del tutto »

CHAPITRE VI.

POÉSIES PHILOSOPHIQUES.

1. — LYRIQUES.

Bruto minore. — *La Ginestra*. l'accord entre la philosophie et la poésie est parfait.

I. — *Bruto minore.*

E *Brutus*, l'ode *Au printemps ou des fables antiques* et le *Dernier chant de Sapho* sont antérieurs aux principales poésies amoureuses, au *Risorgimento* et aux *Ricordanze*, par exemple, ce qui montre bien, quand les œuvres en prose commencées vers la même époque ne seraient pas là pour le montrer, que même quand il semblait le plus absorbé par ces sujets amoureux si peu adaptés à son esprit, Leopardi n'abandonnait pas sa pensée philosophique et qu'elle restait pour lui l'élément le plus solide et le plus durable de son génie poétique. Il attache visiblement à ces trois poèmes, surtout au *Brutus*,

l'importance et la portée qu'on attache aux œuvres où l'on croit avoir mis le meilleur de soi. On sait en effet que, crainte de méprise, le *Brutus* est précédé d'une préface philosophique où Leopardi rapproche les paroles du vaincu de Philippes de celles de Théophraste mourant. Brutus aurait dit : «Vertu, tu n'es qu'un nom ! » et Théophraste, d'après Diogène Laerce, a parlé, au moment d'expirer, en des termes qui font supposer qu'il en était venu à une incrédulité complète et à des conclusions philosophiques analogues à celles de Brutus. Leopardi tenait tellement à ce rapprochement que plus tard, dans une lettre à M. de Sinner*, il déclare (en français, pour plus de netteté) que c'est là qu'il faut chercher ses sentiments personnels. Sainte-Beuve, qui a jadis publié ce passage, en a fait remarquer l'importance, et il semble que le *Bruto minore* ne soit que le développement des idées pessimistes contenues dans la *Comparaison*. Leopardi aurait choisi Brutus comme son interprète, parce qu'il n'aurait pas osé, par peur de la censure ou se défiant de lui-même, exposer directement son pessimisme. C'est d'ordinaire à ce point de vue qu'on a examiné cette pièce, la plus connue peut-être de toute l'œuvre de Leopardi, et qu'on en a fait ressortir les beautés. Il est évident, en effet, que ce long discours de Brutus prêt à se tuer a quelque

---

* Voir notre édition des *Œuvres inédites*

chose d'invraisemblable, non seulement parce qu'il est trop long pour la circonstance, mais parce que Brutus y disserte plutôt comme un philosophe dans les loisirs de l'école que comme un homme d'action qui va renoncer à vivre. Il n'est point certain historiquement que Brutus ait poussé cette exclamation célèbre, mais ce qui est évident, c'est qu'il ne l'a point paraphrasée ainsi. Et cependant, nous persistons à le croire, c'est bien Brutus que Leopardi a voulu mettre en scène, et, désirant faire dire à l'antiquité elle-même le dernier mot de la philosophie antique, il a choisi, comme type du Romain philosophe, l'un des plus nobles enfants de Rome, stoïcien, esprit rêveur et sombre, et qui sut mettre en acte, en tuant César, une pensée audacieuse. Aussi n'est-on pas trop étonné des hardiesses que Leopardi attribue à Brutus, et ce n'est qu'à la réflexion qu'on en découvre l'inopportunité et l'invraisemblance. Mais il y a une question plus intéressante que celle de savoir si Leopardi a bien fait de choisir Brutus pour déclarer au nom des anciens que la vertu n'est qu'un mot : c'est de chercher si, comme nous le croyons, il a voulu attribuer aux anciens ses idées sur la douleur et le néant, et trouver, dans cette antiquité qu'il prisait si fort, un assentiment à ses doctrines.

Cet assentiment, il ne le trouve pas dans les écrivains classiques. Car l'esprit général de leur sagesse est un esprit d'optimisme viril qui est précisément l'opposé de la théorie de « l'irrémédiable et universelle douleur ». Il semble, d'autre part, que pour quelqu'un d'émancipé, comme l'était Leopardi, de ce qu'il tient pour des préjugés d'enfance, la morale la plus consolante et en même temps la plus pure, celle qui donne le plus le goût de vivre avec honneur et les plus sûrs moyens d'être vertueux, sans abdiquer sa dignité d'homme, c'est la morale antique, non celle de telle ou telle école, mais cette morale vraiment humaine et non pas seulement stoïcienne, que professèrent les Romains du temps de Sénèque, qu'ils pratiquèrent quelquefois, et conformément à laquelle nous voyons vivre, qu'elle le veuille ou non, une partie de la société moderne. Nous savons d'ailleurs, et nous l'avons dit plus haut, que dans la guerre de chaque jour qu'il croyait bon de faire à la destinée, Leopardi avait adopté cette morale et qu'il alla même jusqu'à s'en faire le patron dans la préface de sa traduction d'Epictète. Nous voyons également qu'il ne la considérait pas comme quelque chose de solide, mais comme le moins mauvais des expédients ou, si l'on veut, des mensonges, avec lesquels nous trompons notre ennui et nous donnons le change à notre impatience de disparaître dans le néant. Il ne paraît pas possible à Leopardi que cette antiquité qui, d'après lui, était plus intelligente que notre époque, ait pu réellement prendre au sérieux des croyances vides et qu'elle les ait développées autrement que par passe-temps. Il a semblé à cet esprit systématique et hanté d'une idée fausse que ces maximes des philosophes grecs et de leurs interprètes romains n'étaient que belles, et que ces phrases, où tant d'hommes trouvent encore aujourd'hui leur plus efficace consolation, rendaient un son creux. Ne voulant pas voir que l'antiquité était contre lui, il a demandé aux curiosités de l'érudition l'assentiment qu'il cherchait en vain dans les auteurs connus, et il a trouvé, dans un compilateur, une phrase, obscure d'ailleurs, prêtée à un homme dont presque toute l'œuvre est perdue et dont les titres de gloire sont incertains; cette phrase, il l'a torturée pour lui faire dire : « Il n'y a rien de vrai que la douleur, » et la rapprochant de la boutade suprême, plus ou moins authentique, de Brutus, il a cru et a essayé de nous persuader que l'antiquité était pessimiste. Si l'on en doute, qu'on explique pourquoi, dans une autre pièce, Sapho s'écrie, après Brutus : « Les événements marqués par la destinée sont dirigés par un obscur dessein. *Tout est mystère, hormis notre douleur.* Race négligée, nous naissons pour les pleurs, et la raison en reste au sein des dieux :

> . I destinati eventi
> Move arcano consiglio Arcano è tutto,
> Fuor che il nostro dolor. Negletta prole
> Nascemmo al pianto, e la ragione in grembo
> De' celesti si posa »

Ne parle-t-elle pas, cette Sapho philosophe, au nom de la Grèce, comme Brutus au nom du monde latin ? Et est-il possible, quand on l'a lu, en les rapprochant, ce *Bruto minore* et cet *Ultimo canto di Saffo*, où la Grèce et Rome s'accordent à proclamer la vanité de tout, de ne pas croire que Leopardi a voulu produire en sa faveur le témoignage de l'antiquité ? Si l'on joint à ces deux pièces l'ode *Au printemps*, où est montrée la vanité des fables antiques, on verra que, dans l'esprit du poète, l'anthropomorphisme n'avait pas mieux réussi à donner un aliment solide à la crédulité de l'homme que n'y réussit plus tard la philosophie et que n'y devait réussir le christianisme. La vanité des mythes antiques est proclamée, en termes éloquents, à la fin de la Canzone, dans l'espèce d'hymne au pouvoir mystérieux et aveugle qui mène le monde et qui n'est au fond que l'*infelicità* : « Hélas ! hélas ! puisque vides sont les demeures de l'Olympe et aveugle le tonnerre qui, errant parmi les noires nuées et les montagnes, glace également d'une horreur dissolvante les cœurs injustes et les cœurs innocents ; et puisque la terre natale est une étrangère qui ignore les enfants dont elle nourrit la triste vie, ô toi, gracieuse nature, sois la confidente de nos soucis douloureux et de nos destins immérités, et rends à mon âme la flamme antique ; si pourtant tu vis et si quelque chose réside dans le ciel, dans la terre brûlante ou dans le sein de l'onde pour laquelle nos vœux soient, sinon un objet de pitié, du moins un spectacle :

> Ahi ahi, poscia che vote
> Son le stanze d'Olimpo, e cieco il tuono
> Per l'atre nubi e le montagne errando,
> Gl'iniqui petti e gl'innocenti a paro
> In freddo orror dissolve; e poi ch'estrano
> Il suol nativo, e di sua prole ignaro
> Le meste anime educa,
> Tu le cure infelici e i fati indegni
> Tu de' mortali ascolta,
> Vaga natura, e la favilla antica
> Rendi allo spirto mio, se tu pur vivi,
> E se de' nostri affanni
> Cosa veruna in ciel, se nell'aprica
> Terra s'alberga o nell'equoreo seno,
> Pietosa no, ma spettatrice almeno. »

Ainsi, pour ce philosophe obstiné, l'antiquité n'a dit vrai que quand elle a dit non. Il oublie que ceux-là même des grands esprits grecs et latins avec lesquels son génie a peut-être le plus d'affinité, un Empédocle, un Lucrèce, n'ont nié certaines croyances que pour en affirmer d'autres, qu'ils considéraient comme étant la verité. Il n'est guère dans les idées de l'antiquité classique de « conclure au néant », et c'est plutôt dans l'Inde bouddhiste que Leopardi aurait trouvé les adhésions qu'il demandait.

Toutefois, il est bien vrai, ainsi qu'on l'a dit, que ce Brutus, antique ou non, est beau comme le Prométhée de Goethe insultant les Dieux : mais il nous émeut peut-être davantage, parce qu'il porte en lui et fait passer dans ses malédictions toute une philosophie personnelle, si intimement attachée à son âme qu'elle ne fait qu'un avec cette âme. Et il la met en pratique, cette philosophie désespérée, au moment même où il la proclame. Car c'est sa vie qu'il rejette, c'est son *moi* qu'il envoie dédaigneusement dans le néant et dans l'oubli. Les bouddhistes arrivent lentement et par degrés à l'anéantissement : le Brutus de Leopardi s'y précipite tout d'un coup : « Non, je n'invoque au moment de mourir, ni les rois sourds de l'Olympe et du Cocyte, ni la terre indigne, ni la nuit, ni toi, dernier rayon de la mort noire, ô mémoire de la postérité. Quand est-ce qu'une tombe dédaigneuse fut apaisée par des sanglots et ornée par les paroles ou les dons d'une vile multitude? Les temps se précipitent vers le pire ; et l'on aurait tort de confier à nos neveux pourris l'honneur des âmes distinguées et la suprême vengeance des malheureux. Qu'autour de moi l'avide oiseau noir agite ses ailes. Que cette bête m'étouffe, que l'orage entraîne ma dépouille ignorée, et que l'air emporte mon nom et ma mémoire :

> Non io d'Olimpo o di Cocito i sordi
> Regni, o la terra indegna,
> E non la notte moribondo appello ;
> Non te, dell'atra morte ultimo raggio,

> Conscia futura età. Sdegnoso avello
> Placâr singulti, ornâr parole e doni
> Di vil caterva? In peggio
> Precipitano i tempi, e mal s'affida
> A putridi nepoti
> L'onor d'egregie menti e la suprema
> De' miseri vendetta. A me dintorno
> Le penne il bruno augello avido roti,
> Prema la fera, et il nembo
> Tratti l'ignota spoglia,
> E l'aura il nome e la memoria accoglia*. »

Sans doute ce n'est point là le Brutus de Plutarque, ni même celui de Shakespeare, si bilieux que soit ce dernier et si « ennemi de la musique », pas plus que ce n'est une femme grecque qui, dans l'*Ultimo canto di Saffo*, fait la profession de foi que nous avons citée. Mais l'antiquité a quelque part dans ces poèmes, puisque Leopardi a prétendu faire parler les anciens. C'est ce qui distingue ces premiers chants philosophiques (1824) des derniers,

---

* Il est curieux d'opposer aux malédictions de Brutus ces nobles propos d'un croyant

« Il dépend de tout homme de se préparer pour l'heure suprême un magnifique cortège, qu'aucune puissance humaine n'empêchera de passer et de resplendir dans la nuit. Je convie autour de moi, quand viendra ce moment, les pensées les plus hautes et les meilleures où j'ai pu m'élever, les vérités que j'ai rencontrées et servies, les idées immortelles qui m'ont apparu depuis ma jeunesse jusqu'à mon dernier jour. Qu'elles viennent et me protègent de l'outrage au delà de la mort. »

(E. Quinet, *l'Esprit nouveau*, p. 348.)

la *Ginestra* et les *Paralipomènes* (1834-1837). Dans ceux-là, Leopardi a bien mis sa vraie pensée, mais en somme il ne parle pas en son nom. Dans ceux-ci, principalement dans la *Ginestra*, c'est lui-même qui parle. En outre, l'antiquité ne tient plus dans son âme la place qu'elle y tenait en 1824. Il ne s'inquiète plus guère de savoir si les anciens ont pensé comme lui. Il proclame le néant en se posant comme l'interprète de l'humanité tout entière dans le passé, dans le présent et même dans l'avenir. En face de ce qu'il appelle les erreurs humaines, c'est-à-dire en face de la croyance à la raison, à la justice, au progrès, en face de toute croyance, il est *la voix qui dit : Malheur! la bouche qui dit : Non!* Mais le grand poète qui a écrit ces mots protestait au nom de la justice contre un acte particulier d'injustice, tandis que Leopardi proteste au nom du néant contre ce qui est, et sa protestation, qui ne part que de lui, n'a point d'écho : elle se perd dans le concert des paroles d'espérance et de foi par lesquelles ses contemporains s'encouragent à marcher en avant.

Toutefois, elle n'est ni moins grande ni moins poétique parce qu'elle est solitaire et impuissante. Au contraire, cette Ginestra suspendue aux flancs du Vésuve, au milieu des ruines dont elle est née et dont elle exhale l'esprit, cette fleur de la poésie léopardienne, la seule qui ait pu pousser dans cette âme dépouillée de croyance, n'est-

elle pas belle en partie parce qu'elle est unique?
Si la pensée de Leopardi a pu devenir poésie,
n'est-ce pas que la solitude a échauffé et exalté
cette pensée? Repoussée, méconnue, haïe (et justement) par l'optimisme de ceux qui la rencontrèrent, ne pouvant se répandre librement au dehors
par la conversation, réduite à vivre seule, elle paraît en être devenue plus fière et s'être éprise ardemment de sa propre beauté. Or une pensée qui,
pour ainsi dire, s'éprend d'elle-même, n'est-elle
pas prête à se changer en poésie?

II. — *La Ginestra.*

La *Ginestra* est sortie de cet état d'esprit si rare.
Dans le mètre lyrique des premières *canzoni*, si
bien calculé pour le libre élan de la poésie et si
propre, par la minutie même de ses combinaisons,
à rendre les nuances d'une pensée philosophique,
Leopardi nie triomphalement, et sans se préoccu-
per de ceux qui ont écrit avant lui, tout ce qui
d'habitude donne du prix à la vie. Il lui semble
que ce qu'il faut abattre avant tout, comme l'ennemi le plus dangereux de sa philosophie, c'est

l'orgueil de l'homme : « Souvent, sur ces plages désolées et en deuil que revêt le flot durci qui semble ondoyer, je m'assieds pendant la nuit; et, sur la lande triste, dans l'azur très pur, je vois en haut flamboyer les étoiles à qui la mer au loin sert de miroir, et dans le vide serein brille tout un monde d'étincelles tournoyantes. Et quand je fixe mes yeux sur ces lumières qui nous semblent n'être qu'un point, et qui sont si immenses que pour elles la terre et la mer sont véritablement un point, et que non seulement l'homme, mais ce globe où l'homme n'est rien, sont tout à fait inconnus; quand je regarde ce groupe d'étoiles encore plus éloignées de nous dans l'infini, qui nous paraissent comme un nuage, pour qui non seulement l'homme et la terre, mais encore toutes nos étoiles ensemble, infinies de nombre et de masse, y compris le soleil d'or, sont inconnues ou paraissent être ce qu'elles paraissent à la terre, un point de lumière nébuleuse, alors que sembles-tu à ma pensée, ô race de l'homme*?

> Sovente in queste piagge,
> Che, desolate, a bruno
> Veste il flutto indurato, e par che ondeggi,
> Seggo la notte, e su la mesta landa
> In purissimo azzuro

---

* Comparer, dans les œuvres en prose, le *Fragment inédit de Straton*.

> Veggo dall' alto fiammeggiar le stelle,
> Cui di lontan fa specchio
> Il mare, e tutto di scintille in giro
> Per lo vòto seren brillare il mondo
> E poi che gli occhi a quelle luci appunto,
> Ch' a lor sembrano un punto,
> E sono immense in guisa
> Che un punto a petto a lor son terra e mare
> Veracemente ; a cui
> L'uomo non pur, ma questo
> Globo ove l'uomo è nulla,
> Sconosciuto è del tutto e quando miro
> Quegli ancor più senz' alcun fin remoti
> Nodi quasi di stelle,
> Ch' a noi paion qual nebbia, a cui non l'uomo
> E non la terra sol, ma tutte in uno
> Del numero infinite e della mole,
> Con l'aureo sole insiem, le nostre stelle
> O sono ignote, o così paion come
> Essi alla terra, un punto
> Di luce nebulosa, al pensier mio
> Che sembri allora, o prole
> Dell' uomo ? »

Ces idées, exprimées en une forme si imprévue, ne sont point tout à fait neuves ; mais elles apparaîtront dans leur profonde originalité si l'on songe que ce n'est point au profit d'une religion ou d'une affirmation quelconque que Leopardi compare la médiocrité de cette terre à la grandeur infinie de l'univers : « Et me rappelant d'une part ton état d'ici-bas, dont le sol que je foule est l'emblème, d'autre part la croyance que tu as d'être la maîtresse des choses et le but donné au

Tout, et combien de fois il t'a plu de créer des fictions, combien de fois sur cet obscur grain de sable qui a nom la terre, à cause de toi, sont descendus les auteurs de toute chose, pour converser amicalement avec les tiens ; quand je songe que, renouvelant ces songes ridicules, tu insultes aux sages jusque dans l'âge présent, qui semble dépasser tous les âges en savoir et en civilisation, quel mouvement alors, malheureuse race mortelle, ou quelle pensée enfin se produit à ton égard dans mon cœur ? Je ne sais lequel prévaut, du rire ou de la pitié :

> E rimembrando
> Il tuo stato quaggiù, di cui fa segno
> Il suol ch'io premi ; e poi dall' altra parte,
> Che te signora e fine
> Credi tu data al Tutto, e quante volte
> Favoleggiar ti piacque, e in questo oscuro
> Granel di sabbia, il qual di terra ha nome,
> Per tua cagion, dell'universe cose
> Scender gli autori, e conversar sovente
> Co' tuoi piacevolmente, e che i derisi
> Sogni rinnovellando, ai saggi insulta
> Fin la presente età, che in conoscenza
> Ed in civil costume
> Sembra tutte avanzar ; qual moto allora,
> Mortal prole infelice, o qual pensiero
> Verso te finalmente il cor m'assale ?
> Non so se il riso o la pietà prevale »

Il n'attaque pas seulement, comme Pascal, la Raison ; il attaque la Vie elle-même. Pascal a loué cette vitalité particulière à l'homme qui fait qu'il se redresse contre ce qui l'écrase. Leopardi trouve que Pascal accorde encore trop d'importance à la manière dont l'homme est affecté des choses, et qu'il laisse encore trop de supériorité à cette âme « abêtie » pourtant et prête pour la grâce. L'homme est encore trop haut dans cette humilité où Pascal l'abaisse. La théorie du « roseau pensant » fait sourire Leopardi quand elle ne l'indigne pas. Oui, nous pensons : mais c'est là notre infériorité. L'arbre que nous coupons, l'animal que nous égorgeons ont cette supériorité sur nous qu'ils ne pensent pas et qu'ils ne savent pas que nous les maltraitons. A ce point de vue nous sommes *la partie abjecte des choses*. Déjà, dans le Brutus, ce sentiment de l'infériorité de l'homme avait paru : « O destins! ô race vaine! nous sommes la partie abjecte des choses; les mottes de terre teintes de notre sang, les grottes pleines de nos cris n'ont point été troublées par notre douleur, et le souci humain n'a point fait pâlir les étoiles :

> Oh casi! oh gener vano! abbietta parte
> Siam delle cose, e non le tinte glebe,
> Non gli ululati spechi
> Turbo nostra sciagura,
> Nè scoloro le stelle umana cura. »

Ce cri de Brutus sera la conclusion de la *Ginestra*; mais cette conclusion est encore annoncée et préparée par une pièce, antérieure de plusieurs années, où l'infériorité de l'homme relativement au reste du monde est proclamée comme un fait indiscutable; nous voulons parler du *Canto d'un pastor errante*. Ce berger n'est point un autre Brutus, et, bien que Leopardi ait soin, en une note érudite, de nous démontrer que les bergers errants de l'Asie centrale se plaisent à de tels chants, il est évident qu'il n'a pas la prétention de ranger, par ces vers, l'Orient à son opinion. Ici c'est bien lui qui interroge la lune et lui adresse ces paroles si adaptées à ses pensées : « Que fais-tu, lune, dans le ciel? Dis-moi : que fais-tu, silencieuse lune? Tu te lèves le soir, et tu vas contemplant les déserts; puis tu te couches. N'es-tu pas encore rassasiée de reprendre toujours les éternels sentiers? Le dégoût ne te prend-il pas encore? Es-tu encore désireuse de regarder ces vallées? Elle ressemble à ta vie, la vie du pasteur. Il se lève à la première aube; il fait sortir son troupeau dans la campagne, et voit des troupeaux, des fontaines et des herbes; puis, fatigué, il se couche le soir; il n'espère jamais rien d'autre.

> Che fai tu, luna, in ciel? dimmi, che fai,
> Silenziosa luna?
> Sorgi la sera, e vai,
> Contemplando i deserti, indi ti posi.
> Ancor non sei tu paga
> Di riandare i sempiterni calli?

> Ancor non prendi a schivo, ancor sei vaga
> Di mirar queste valli?
> Somiglia alla tua vita
> La vita del pastore.
> Sorge in sul primo albore.
> Move la greggia oltre pel campo, e vede
> Greggi, fontane ed erbe,
> Poi stanco si riposa in su la sera :
> Altro mai non ispera. »

Pour ce berger, qui ne ressemble guère aux bergers de madame Deshoulières, l'homme est un vieillard blanc, infirme, en haillons, avec un lourd fardeau sur les épaules, qui court par les montagnes et les vallées, par les rochers aigus, les sables profonds, les broussailles, au vent, à la tempête, que l'heure soit brûlante ou qu'il gèle : il court haletant, passe les torrents et les marais, tombe, se releve, et se hâte de plus en plus, sans repos ni soulagement, déchiré, sanglant, jusqu'à ce qu'il arrive ou mène la route et où conduisent tant de fatigues, à un abime horrible, immense, « où, se précipitant, il oublie tout. Lune vierge, telle est la vie mortelle :

> Ov'ei precipitando, il tutto obblia
> Vergine luna,
> Tale e la vita mortale. »

Et il se prend à envier son troupeau, non par excès de douleur et de misere, puisqu'il avoue lui-même qu'il n'a aucun motif particulier d'être malheureux, mais parce que c'est en lui une conviction profonde et tranquille que les bêtes qu'il garde sont privilégiées par rapport à leur gardien : « O mon troupeau qui te reposes, oh! que tu es heureux! car tu ignores, je crois, ta misère! Quelle envie je te porte! non seulement parce que tu oublies aussitôt tout accident, tout dommage, toute crainte, même extrême, mais surtout parce que jamais tu n'éprouves l'ennui :

> O greggia mia che posi, oh te beata,
> Che la miseria tua, credo, non sai !
> Quanta invidia ti porto !
> Non sol perchè d'affanno
> Quasi libera vai ;
> Ch' ogni stento, ogni danno,
> Ogni estremo timor subito scordi,
> Ma più perchè giammai tedio non provi »

Sans doute, ce n'est pas la première fois qu'un homme loue les autres animaux et envie leur bonheur : le XVIII° siècle est rempli de cet éloge des bêtes. Mais si un Florian, en ses fades églogues, s'écrie que les moutons sont plus heureux que l'homme, ce n'est pas lui qui parle, c'est Romulus, c'est Numa Pompilius, et encore ces héros doucereux ne se ravalent au-dessous de leurs troupeaux que par manière de passe-temps et pour satisfaire leur « sensibilité ». Ils ne se prennent pas au sérieux, ou, s'ils parlent sérieusement, leur orgueil y trouve son compte : louer les autres êtres, les élever au-dessus de soi, c'est les juger, et juger ceux qui ne peuvent nous juger, n'est-ce pas leur être supérieur? Jamais le « roi de la création » n'abdique, même quand il s'humilie le plus ; ou, s'il abdique, son abdication même montre qu'il est roi. Ce berger errant de l'Asie est peut-être le premier homme qui ait renoncé, sans arrière-pensée, à cette royauté. Que dis-je? il n'y renonce pas, car il sent qu'il n'a jamais été roi. Il est le dernier des êtres. Il est l'esclave de la « création ». Il en est aussi, si l'on peut dire, le souffre-douleur. Tout lui donne le plus cruel des maux, l'ennui, quand tout en est exempt.

Et ce n'est pas seulement de l'ennui que tous les autres êtres sont exempts : ils sont aussi préservés de l'espérance, ce ridicule défaut, cette marque ineffaçable d'infériorité qui est imprimée au front de l'homme. C'est ce que dit la dernière strophe de la *Ginestra* : « Et toi, souple genêt, qui de tes branches odorantes ornes ces campagnes dépouillées, toi aussi bientôt tu succomberas à la cruelle puissance du feu souterrain, qui, retournant au lieu déjà connu de lui, étendra ses flots avides sur tes tendres rameaux. Et tu plieras sous le faix mortel ta tête innocente et qui ne résistera pas : mais jusqu'alors tu ne te seras pas courbé vainement, avec de couardes supplications, en face du futur oppresseur; mais tu ne te seras pas dressé, avec un orgueil forcené, vers les étoiles,

sur ce désert où tu habites et où tu es né, non
par ta volonté, mais par hasard; mais tu as été
d'autant plus sage et d'autant plus fort que
l'homme, que tu n'as pas cru que tes frêles reje-
tons aient été rendus immortels ou par le destin
ou par toi-même :

> E tu, lenta ginestra,
> Che di selve odorate
> Queste campagne dispogliate adorni,
> Anche tu presto alla crudel possanza
> Soccomberai del sotterraneo foco,
> Che ritornando al loco
> Già noto, stenderà l' avaro lembo
> Su tue molli foreste E piegherai
> Sotto il fascio mortal non renitente
> Il tuo capo innocente
> Ma non piegato insino allora indarno
> Codardamente supplicando innanzi
> Al futuro oppressor ma non eretto
> Con forsennato orgoglio inver le stelle,
> Nè sul deserto, dove
> E la sede e i natali
> Non per voler ma per fortuna avesti,
> Ma più saggia, ma tanto
> Meno inferma dell' uom, quanto le frali
> Tue stirpi non credesti
> O dal fato o da te fatte immortali. »

Cette strophe, qui est la conclusion de la *Ginestra*, est aussi la conclusion de toute l'œuvre
lyrique de Leopardi. Les poésies patriotiques, les
poésies amoureuses, les poésies philosophiques
avaient marqué comme des évolutions poétiques

tendant, à travers l'imitation et la fantaisie, à cette pensée qui seule était forte dans l'esprit de Leopardi. La *Ginestra* est le point vers lequel converge toute l'œuvre, et les différentes parties de la *Ginestra* ne sont que comme des étapes pour arriver à cette dernière strophe, ou se trouve, à notre avis, porté à son plus haut degré tout le lyrisme philosophique du poète. Les autres pièces sont belles sans doute, surtout celles que nous avons appelées philosophiques. Il en est même peut-être auxquelles Leopardi tenait plus qu'à la *Ginestra*, par exemple le *Bruto Minore*. Mais on n'en voit pas où la pensée se montre plus pure et plus entière et où l'accord de la forme poétique avec les idées philosophiques soit aussi parfaitement réalisé. Cet accord s'était rencontré une fois ou deux dans les poésies amoureuses, souvent dans les poésies philosophiques, dans le *Bruto*, dans *Alla primavera*, etc.; mais, dans le passage que nous venons de citer, la poésie et la philosophie ne font plus qu'un, et on peut dire qu'il n'y a pas là un vers qui eût pu être écrit par un autre que par Leopardi.

D'ordinaire on n'abandonne à une pensée philosophique qu'une partie de soi-même, son intelligence, et encore à certaines heures. Le cœur est reservé, ainsi que le reste du *moi*. Leopardi n'absorbe pas seulement son intelligence dans sa pensée il y absorbe aussi son cœur et tout son être.

Il ne s'agit pas là d'un système trouvé et médité dans le silence du cabinet : c'est toute une vie, c'est tout un homme qui peu à peu se sont enfermés dans une pensée. Il n'existe rien pour Leopardi, en dehors de sa philosophie, ni foi ni maîtresse : les émotions délicieuses qui nous viennent du cœur, sa philosophie les lui procure comme elle lui procure les joies de l'esprit. Voilà pourquoi cette *Ginestra* est poétique et non pas seulement philosophique.

Mais toute la verve lyrique de Leopardi s'était épuisée dans cet effort. Il ne pouvait recommencer sans se répéter, et il était trop sincère pour éviter d'être monotone. Aussi pourrait-on dire que la mort, quoique hâtive, ne l'a enlevé que quand il n'avait plus rien à nous dire, si sa pensée n'avait eu à son service une autre forme non moins appropriée et non moins heureuse que la forme lyrique.

CHAPITRE VII.

POÉSIES PHILOSOPHIQUES.

2 — SATIRIQUES.

Caractère de ces satires. — La *Palinodia*. — Les *Paralipomènes de la Batrachomyomachie* : importance de ce poème.

I

CARACTÈRE DE CES SATIRES.

L nous reste, en effet, à examiner d'autres poésies d'un caractère bien différent, composées en même temps que les *canzoni* philosophiques et inspirées par les mêmes pensées : nous voulons parler des poésies satiriques, de la *Palinodie* et des *Paralipomènes de la Batrachomyomachie*, qui ont été traitées assez dédaigneusement par la plupart de ceux qui ont écrit sur Leopardi. On les a trouvées ennuyeuses ou obscures, et il est certain que si l'on

y cherchait le genre d'intérêt que nous offrent les satires d'Horace, de Juvénal et de Régnier, on a dû être singulièrement déçu. Quant au reproche d'obscurité, adressé particulièrement aux *Paralipomènes*, il est mérité si l'on s'opiniâtre à chercher dans ce poème l'histoire comique de l'Italie après la chute de Murat, mais il n'a plus de raison d'être si l'on considère les *Paralipomènes* comme un roman aussi fantastique que l'*Histoire du genre humain*. Ces deux écrits, le second surtout, réputé illisible, deviendront intéressants, si l'on veut songer encore une fois que Leopardi est un philosophe avant d'être un poète et que ce philosophe est un pessimiste.

Il était naturel que celui qui avait triomphé des croyances humaines dans les poésies philosophiques, fît ensuite rire de ces croyances, en montrant le contraste qui existe entre l'opinion que les hommes ont des choses et ce que les choses sont véritablement, c'est-à-dire de vaines apparences*. Cette philosophie négatrice devait se tourner nécessairement en satire, et non seulement les deux satires que nous a laissées Leopardi sont contemporaines, ou à peu près, l'une de l'*Ultimo Canto*, l'autre de la *Ginestra*, mais encore dans presque

* « Rien, dit Pascal dans les *Provinciales*, n'y porte davantage (à rire) qu'une disproportion surprenante entre ce qu'on attend et ce qu'on voit. » (*Prov.*, p 207, ed. Charpentier.)

toutes celles des poésies que nous avons appelées philosophiques, on rencontre des traits satiriques mêlés aux strophes les plus sublimes. Sans parler de cette admirable fin de la *Ginestra* où paraît une ironie à l'adresse du genre humain, rappelons que Leopardi, dans la même pièce, dit ironiquement : *Dell' umana gente le magnifiche sorti e progressive.* C'est qu'en effet il est bien difficile, quand on est convaincu de la fausseté d'une croyance, de ne point se moquer de cette croyance, et il y a dans cette moquerie autre chose que le vain plaisir de faire rire; elle est souvent comme un besoin pour les esprits qui se croient fermement en possession de la vérité. Les Provinciales et les passages comiques du livre des Pensées ne sont pas seulement pour la polémique : ce rire est aussi dans Pascal l'allégresse de la raison triomphante[**]. Mais dans Leopardi la satire est bien plus fréquente que dans Pascal : c'est que Leopardi n'a qu'une affirmation à faire entendre, l'affirmation que tout est faux, tandis qu'il a autant de négations à faire qu'il y a de croyances dans l'esprit humain. De là cette pente qui le mène, jusque dans ses élans les plus

[*] Il y a de la satire jusque dans Bossuet, principalement dans l'*Histoire des variations*.

[**] Les Sonnets contre un bibliothécaire (1817), œuvre obscure et souvent puérile, dénotent néanmoins un précoce penchant à la satire. (*Sonetti in persona di Ser Pecora fiorentino beccaio* Studi filologici, p 185.)

lyriques, à la satire. Toutes les œuvres morales en prose sont satiriques, depuis l'*Histoire du genre humain* jusqu'aux *Pensées*. Ses poésies devaient être en partie satiriques, et, s'il eût vécu, c'est vraisemblablement à la satire qu'il eût occupé son esprit.

On voit déjà comment une telle satire se distinguera de celle d'un Juvénal. Ce n'est pas seulement parce qu'elle restera en dehors de son temps, c'est aussi parce qu'elle s'attaquera aussi bien à ce que nous appelons nos vertus qu'à ce que nous appelons nos vices. Dans cette guerre où elle se plait, elle fera même son affaire plutôt des vertus que des vices : les vices n'ont point manqué et ne manqueront point de censeurs, tandis que les vertus sont universellement louées. Ce qui fait que la vie a un but, ces *causes de vivre* dont parle le poète latin, voilà ce qu'elle tournera en ridicule. Ce n'est pas tel homme qu'elle poursuit, c'est l'homme. Le plus vertueux de tous, un Socrate, ne serait pas épargné, si cette satire le rencontrait. Au contraire : il est, pour elle, le plus risible, parce qu'étant le plus vertueux, il doit être le plus optimiste.

II

La Palinodie.

Ainsi, Leopardi n'a mis en cause et n'a nommé qu'un seul homme, et cet homme se trouvait être le plus estimable peut-être et le plus estimé de tous les grands Italiens qui profitaient alors de la liberté relative que l'Autriche tolérait à Florence. Devant lui s'inclinaient, quoiqu'il fût tout jeune, des hommes âgés et célèbres*. Presque tous les poètes de l'Italie contemporaine devaient lui dédier des poésies. Nous parlons de Gino Capponi. Nous ne disons pas que Leopardi l'ait injurié personnellement : il ne pouvait se défendre de l'aimer; mais, dans cette *Palinodie* qui lui est adressée, il bafoue toutes les idées qui étaient chères au généreux Florentin. On sait quelle rôle considérable Gino Capponi avait déjà joué dans l'œuvre de la renaissance de son pays. Il n'avait pas seulement

---

* Voir, dans la *Rivista Europea* du 1ᵉʳ juin 1876, *Il marchese Gino Capponi e il suo tempo,* par A. de Gubernatis.

fondé l'*Antologia* : il était le guide moral de cette élite qui, en maintenant par les lettres le sentiment national, devait relever la nation, et, comme disait sans doute notre poète, le chef des optimistes. Il est vraisemblable que plus d'une fois il a dû tenter de changer les idées de Leopardi et de ramener à l'espérance ce fier esprit qui aurait pu beaucoup pour l'Italie. Mais la philosophie de Leopardi ne pouvait pas être changée : elle était devenue, nous l'avons dit, le fond même de son esprit, et la mort seule devait faire taire cette voix négatrice.

C'est apparemment au sortir d'un entretien philosophique et politique avec Gino Capponi qu'il écrivit cette satire si cruelle pour l'homme de bien à qui il répondait, mais où la passion est si sincère et où la raillerie est si manifestement la seule forme qui convînt à une telle conviction que « le candide » Gino dut en éprouver plus de tristesse que de ressentiment. Mais il importe assez peu à qui étudie l'inspiration poétique de Leopardi de savoir quelle impression la *Palinodie* fit sur Gino Capponi et sur ce noble cénacle où, dès son arrivée, le poète recanatais avait été reçu en ami. Ce qu'il faut retenir, c'est que rien ne put modifier les idées philosophiques de Leopardi et que l'amitié même, pour laquelle cet incrédule avait un culte, ne put que lui donner l'occasion de professer, dans une forme nouvelle, son système de désespéré.

Il commence, comme dans un des dialogues en

prose*, par déclarer ironiquement qu'il s'est trompé, que le voici revenu de ses erreurs et convaincu de la justesse des espérances qu'il lit dans les gazettes. Oui, il croit au progrès :

« C'est un siècle d'or que nous filent désormais, ô Gino, les fuseaux des Parques. Tous les journaux, quelle que soit leur langue ou leur format, sur tous les rivages, le promettent au monde à l'unanimité. L'amour universel, les voies ferrées, la multiplication du commerce, la vapeur, l'imprimerie et le choléra rapprochent étroitement les peuples et les climats les plus éloignés ; et il n'y aura rien d'étonnant si le pin et le chêne suent du lait et du miel, ou encore s'ils dansent au son d'une valse.

  Aureo secolo omai volgono, o Gino,
  I fusi delle Parche. Ogni giornale,
  Gener vario di lingue e di colonne,
  Da tutti i lidi lo promette al mondo
  Concordemente. Universale amore,
  Ferrate vie, moltiplici commerci,
  Vapor, tipi e *cholera* i più divisi
  Popoli e climi stringeranno insieme ;
  Ne meraviglia fia se pino o quercia
  Sudera latte e mele, o s'anco al suono
  D'un *walser* danzera. »

Il prévoit les objections tirées de ses infirmités personnelles. On lui a dit souvent, chez Gino Cap-

---

* Voir le *Dialogue de Tristan et d'un ami*

poni, de regarder hors de lui et de chanter les espérances d'autrui. Ce passage est l'un des plus vifs de la *Palinodie* :

« Déjà un des tiens, louable Gino, un libre maitre de poésie, et même, en toutes sciences, arts et facultés humaines, docteur et correcteur de tous les esprits qui jamais furent, sont et seront, m'a dit : « Laisse tes propres passions; elles n'intéressent pas cet âge viril; tourne-toi vers les sévères études économiques, fixe ton regard sur les choses publiques. A quoi te sert d'explorer ton propre cœur? Ne cherche point au-dedans de toi matière à des chants. Chante les besoins de notre siècle et l'espérance même. » Mémorables sentences! Je poussais un rire épique quand à mon oreille profane résonnait le mot d'espérance semblable à un propos comique ou à un vagissement sorti d'une bouche qui se détache de la mamelle :

Un già de' tuoi, lodato Gino, un franco
Di poetar maestro, anzi di tutte
Scienze ed arti e facoltadi umane,
E menti che fur mai, sono e saranno,
Dottore, emendatore, lascia, mi disse,
I propri affetti tuoi. Di lor non cura
Questa virile età, vôlta ai severi
Economici studi, e intenta il ciglio
Nelle publiche cose. Il proprio petto
Esplorar che ti val? Materia al canto
Non cercar dentro te. Canta i bisogni
Del secol nostro, e la matura spene,

Memorande sentenze ! Ond' io solenni
Le risa alzai quando sonava il nome
Dalla speranza al mio profano orecchio
Quasi comica voce, o come un suono
Di lingua che dal latte si scompagni. »

La satire se termine par la raillerie suivante, véritablement impie pour quiconque croit au progrès et à laquelle les événements ont donné un glorieux démenti, mais belle dans son impiété et dans sa fausseté, parce que nulle part peut-être il ne se rencontre une plus forte et plus indépendante sincérité dans l'expression d'une pensée universellement condamnée, et, si quelque chose est vrai, condamnable :

« Oh ! salut, ô signe sauveur, ô première lumière de l'âge fameux qui se lève! Regarde devant toi comme se réjouissent le ciel et la terre, comme brille le regard des jeunes filles, et, parmi les festins et les fêtes, comme vole déjà la renommée des héros barbus. Crois, crois pour la patrie, ô race moderne qui es mâle assurément. A l'ombre de tes poils, l'Italie croîtra, et toute l'Europe croîtra, depuis les bouches du Tage jusqu'à l'Hellespont, et le monde se reposera dans la sécurité. Et toi, commence à saluer en riant tes pères hérissés, ô génération enfantine, élue pour les jours d'or, et ne t'épouvante pas de l'innocente noirceur des visages aimés. Ris, ô tendre génération; à toi est réservé le fruit de tant de discours; tu verras la joie régner; cités et campagnes, vieillesse et jeunesse marqueront un égal contentement, et les barbes ondoieront longues de deux palmes :

> O salve, o segno salutare, o prima
> Luce della famosa età che sorge.
> Mira dinanzi a te come s'allegra
> La terra e il ciel, come sfavilla il guardo
> Delle donzelle, e per conviti e feste
> Qual de' barbati eroi fama già vola.
> Cresci, cresci alla patria, o maschia certo
> Moderna prole. All' ombra de' tuoi velli
> Italia crescerà, crescerà tutta
> Dalle foci del Tago all' Ellesponto
> Europa, e il mondo poserà sicuro.
> E tu comincia a salutar col riso
> Gl' ispidi genitori, o prole infante,
> Eletta ai aurei dì; ne ti spauri
> L'innocuo nereggiar de' cari aspetti.
> Ridi, o tenera prole. a te serbato
> E di cotante favellare il frutto;
> Veder gioia regnar, cittadi e ville,
> Vecchiezza, gioventù del par contente;
> E le barbe ondeggiar lunghe due spanne. »

III

LES PARALIPOMÈNES.

Les *Paralipomènes de la Batrachomyomachie* ne parurent que cinq ans après la mort de Leopardi, en 1842, à Paris. Il est possible que ce soit la maladie qui l'ait empêché de publier ce poème, composé certainement à Naples, dans les dernières années de sa vie, et, comme nous l'avons dit, vers le même temps que la *Ginestra*. Il est plus vraisemblable que la crainte de la Censure décida Leopardi à différer la publication d'une satire qui avait, dans la forme, un caractère marqué d'agression contre les choses et les personnes contemporaines. On a dit que les Paralipomènes étaient le « testament politique » de Leopardi, et il est bien certain que le gouvernement de Naples les aurait considérés et traités comme un pamphlet révolutionnaire.

Dans le fond, les Paralipomènes sont plutôt le « testament » philosophique de Leopardi. On y trouve sans doute des vues politiques; mais ce qui est tourné en ridicule, ce n'est pas seulement tel ou tel mode de gouvernement, ce sont les principes moraux sur lesquels reposent tous les gouvernements, quelle que soit leur forme, principalement la croyance au progrès. Leopardi ne nous arrête pas longtemps dans l'Italie du dix-neuvième siècle, et d'ailleurs le court tableau qu'il en trace est si vague, si étrange, si peu semblable à l'histoire, qu'il n'y faut chercher aucune ressemblance avec la réalité. Il est inutile de demander à Colletta et à Botta l'explication de ces prétendues allusions historiques : l'état général de l'Italie vers 1834 et l'ensemble des événements qui s'étaient produits au commencement du siècle ont servi à Leopardi d'occasion, de point de départ pour faire une grande satire où il pût donner toute liberté à ses moqueries pessimistes. Quant au cadre, il était emprunté à la vieille parodie grecque, si chère à son adolescence. Ce cadre et ce point de départ une fois adoptés, Leopardi a négligé les faits et les hommes et a donné à sa satire le caractère d'une fantaisie ou, si l'on veut, d'un roman philosophique. Son vrai but est de démontrer à ses optimistes compatriotes qu'ils n'ont point de raison sérieuse d'espérer. C'est pourquoi nous ne restons pas longtemps en Italie, ni même parmi les hommes. Un génie, le grec Dédale[*], conduit

---

[*] Il est inutile de refaire ici l'analyse, déjà faite plusieurs fois, de la première partie du poème qui, malgré quelques

l'Italien Leccafondi, curieux de connaître les destinées de son pays, dans les régions où se trouve le dernier mot de toute chose, c'est-à-dire dans les Enfers, et c'est ici que commence la partie vraiment originale de ce poème. Plus d'obscurité désormais, plus d'incertitude sur le sens des mots. Le poète parle une langue claire comme sa pensée, et, pour se méprendre sur la portée de ces ironies, il faudrait vraiment le vouloir.

On ne peut analyser ce voyage aux enfers ; la satire y réside dans les détails, dans l'allure même des phrases, dans la gravité affectée du poète. C'est surtout une parodie fine et discrète, mais impitoyable, des théories sur Dieu, la vie future et le progrès, et si l'on veut y chercher autre chose qu'une parodie, tout le sel s'en échappe, et ce chef-d'œuvre de raillerie n'est plus qu'une banalité monotone. Il nous faut en citer, presque sans commentaire, les principaux passages, en prévenant que, plus que jamais, toute traduction

---

traits plaisants contre les Allemands et contre les prêtres, n'est évidemment qu'une préparation au véritable sujet des Paralipomènes, le voyage aux enfers du « *filosofo morale e filotopo* », l'optimiste Leccafondi. Quant à l'importance que nous attachons à cet écrit, elle est justifiée, non seulement par la valeur même, mais par l'étendue de l'œuvre, qui est la plus longue que Leopardi nous ait laissée. C'est un poème en huit chants et en *ottave rime* qui ne comprend pas moins de 2,960 vers. Pour qui connaît les habitudes de brièveté de Leopardi, ce chiffre est à noter.

est forcément mensongère : dans le texte seul est l'esprit du poème.

« Ils rompirent la nuit farouche, et replièrent leurs ailes fatiguées. Ils foulèrent cette terre qui engloutit le *moi* pur et simple de tous les animaux. Ils s'assirent sur les rives escarpées qu'aucun autre mortel ne toucha de son pied, et levèrent les yeux vers la montagne fatale qui remplissait le milieu de la campagne aride.

« D'un métal immortel, massif et pesant, était formé le dos de cette montagne qui surgissait dans les nuages ; moins noire sous ses laves apparait, quand on s'en approche, la montagne etnéenne. Poli et brillant, au sein de ces ombres profondes, apparaissait un monument sépulcral : tels dans nos songes se forment parfois des spectacles hors de nature.

« La montagne avait plus de cent milles de tour ; sur toute sa circonférence, elle était couverte jusqu'en ses racines de bouches merveilleusement diverses par leur grandeur, mais non par leur office *... »

---

* Colà rompendo la selvaggia notte
   Gli stanchi volatori abassàr l'ale,
  E quella terra calpestàr che inghiotte
   Puro e simplice l'io d'ogni animale,
  E posersi a seder sul le dirotte
   Ripe ove il piè non porse altro mortale,
  Levando gli occhi alla feral montagna
   Che il mezzo empiea dell' arida campagna.

Ces bouches reçoivent tous les animaux défunts, depuis la baleine jusqu'au plus petit ver de terre. Là sont les âmes des cerfs, des buffles, des singes, des ours, des chevaux, des huîtres, des sèches, des ânes, des autruches, des paons, des perroquets, des viperes, des escargots, etc.

« La raison pour laquelle les morts eurent leur séjour sous la terre ne m'est pas du tout connue. Pour les corps, je le comprends, parce que c'est à la terre que retourne la dépouille inanimée et immobile. Mais l'esprit immortel qui s'en échappe, je ne sais pas bien pourquoi il se dirige aussi vers le fond*. »

>D'un metallo immortal, massiccio e grave
> Quel monte il dorso nuvoloso ergea.
>Nero assai più che per versate lave
> Non par da presso la montagna etnea,
>Tornito e liscio, e fra quell' ombre cave
> Un monumento sepolcral parea.
>Tali alcun sogno a noi per avventura
>Spectacoli creo fuor di natura.
>
>Girava il monte più di cento miglia,
> E per tutto il suo giro alle radici
>Eran bocche diverse a maraviglia
> Di grandezza tra lor, ma non d'uffici »
>   (Chant VII, St. 42, 43, 44.)

* La ragion perchè i morti ebber sotterra
  L'albergo lor non m'è del tutto nota
Dei corpi intendo ben, perch' alla terra
  Riede la spoglia esamine ed immota;

Enfin le comte et son guide pénètrent dans cet enfer. Point de gardien à la porte, qui est toujours ouverte, et « quant à en sortir, les morts n'en ont aucun désir, bien qu'ils en aient le moyen*».

« Le comte ne trouva ni récompenses ni peines dans le royaume des morts, ou du moins les anciennes histoires ne font aucune mention de cela; et je n'en suis pas surpris; car l'antique Israel et le docte Homère se taisent sur ces plaisirs et ces châtiments éternels distribués aux morts selon qu'ils ont vécu, ou plutôt, à vrai dire, ils n'en surent jamais rien.

« Vous savez que si l'on crut longtemps retrouver cette doctrine dans Homère, cela vient de ce que l'âme humaine croit que les dogmes dont elle s'est nourrie dans l'enfance sont non seulement vrais, mais encore naturels à toutes les nations antiques ou étrangères. De là cette erreur à l'endroit d'Homère. — Et cela s'appelle apprendre!

« Jamais les sauvages n'eurent l'instinct de récompenses ou de peines destinées aux morts. Leur croyance ne fut pas qu'après les membres terrestres

---

Ma lo spirto immortal ch'indi si sferra
Non so ben perchè al fondo anche percota.
(Ch VIII, St. 1)

* E dell'uscir di là nessun desio
Provano i morti, se ben hanno il come.
(Ch. VIII, St. 9)

l'âme vivait séparément, mais que ces froides veines palpitaient encore, et, en somme, que celui qui meurt, ne meurt pas *... »

La preuve en est dans ces vivres, ces vêtements et ces armes qu'ils mettent dans la tombe du mort, comme s'il devait continuer la même vie.

« Et voilà ce que c'est que ce consentement universel des nations les plus bêtes et les plus ignorantes qui est appelé en témoignage de la

---

* Premii ne pene non trovò nel regno
    De' morti il conte, ovver di ciò non danno
    Le sue storie antichissime alcun segno.
    E maraviglia in questo a me non fanno;
    Chè i morti aver quel ch'alla vita è degno,
    Piacere eterno, ovvero eterno affanno,
    Tacque, anzi mai non seppe, a dire il vero,
    Non che il prisco Israele, il dotto Omero.
Sapete che se in lui fu lungamente
    Creduta ritrovar questa dottrina,
    Avvenne ciò perché l'umana mente
    Quei dogmi ond'ella si nutri bambina
    Veri non crede sol, mal d'ogni gente
    Natii, quantunque antica o peregrina.
    Dianzi in Omero errar di ciò la fama
    Scoprimmo: ed imparar questo si chiama.
Ne mai selvaggio alcun di premie o pene
    Destinate agli spenti ebbe sentore,
    Ne già dopo il morir delle terrene
    Membra l'alme crede viver di fuore,
    Ma palpitare ancòr le fredde vene
    E in somma non morir colui che more.
                 (Ch. VIII, St. 10, 11, 12.)

réalité de la vie future par de graves docteurs pleins d'éloquence et d'un savoir immense*. »

Cependant les deux visiteurs continuent leur voyage et le peuple des morts leur apparait.

« Là-bas, au fond, s'allongent d'immenses files de sièges que ne peuvent entamer ni le ciseau ni la lime. Sur chaque siège, un mort est assis, les mains appuyées sur un bâton. Nobles et vilains sont là pêle-mêle ensemble, dans l'ordre où le tombeau les a reçus. Dès qu'une file est pleine, aussitôt les nouveaux arrivants occupent la suivante.

« Personne ne regarde le voisin ni ne lui dit un mot. Si jamais vous avez vu quelque peinture comme on avait coutume d'en faire avant Giotto, ou quelque statue ancienne sur une sépulture gothique, comme dit le vulgaire ignorant, de celles qui font peur à voir avec leurs faces allongées et somnolentes, et leurs membres pendants et tombants,

« Pensez que voilà précisément la forme que les âmes ont là-bas, dans l'autre monde**... »

---

* E questo è quello universal consenso
  Che in testimon della futura vita
  Con eloquenza e con sapere immenso,
  Da dottori gravissimi si cita,
  D'ogni popol più rozzo et più intenso
              (Ch. VIII, St. 15.)

** Son laggiù nel profondo immense file
   Di seggi ove non può lima o scarpello,

Le comte reconnaît là ses plus illustres compagnons, et après les avoir salués, il finit par leur poser la question dont la solution importe tant à ses compatriotes. Le peuple des rats pourra-t-il jamais se relever? En d'autres termes, y a-t-il quelque espérance, quelque progrès possible pour l'Italie?

« Le mort n'est pas un animal rieur, et même une loi éternelle lui a refusé la faculté que possède tout vivant, quand il entend une sottise insolite, de soulager par une convulsion sonore la démangeaison intérieure qu'il ressent; aussi, quand ils entendirent la question du comte, les trépassés ne rirent pas;

« Mais, à travers la nuit éternelle, un son agréa-

> Seggono i morti in ciaschedun sedile
> Con le mani appoggiate a un bastoncello,
> Confusi insieme l'ignobile e il gentile
> Come di mano in man gli ebbe l'avello.
> Poi ch'una fila è piena, immantinente
> Da più novi occupata è la seguente.
> Nessun guarda il vicino o gli fa motto.
> Se visto avete mai qualche pittura
> Di quelle usate farsi innanzi a Giotto,
> O statua antica in qualche sepoltura
> Gotica, come dice il volgo indotto,
> Di quelle che a mirar fanno paura,
> Con le facce allungate e sonnolenti
> E l'altre membra pendule e cadenti,
> Pensate che tal forma han per l'appunto
> L'anime colaggiù nell' altro mondo.
> (Ch. VIII, St 16, 17, 18)

ble se répandit, qui, de siècle en siècle, parvint jusqu'au fond des grottes les plus éloignées*. »

« Le comte**, bien que ses pensées fussent alors esclaves de la peur, voyant qu'il faisait presque rire de lui les temps passés et les temps modernes et que tout l'enfer travaillait et suait pour retenir ce rire qui ne lui était pas permis, le comte aurait rougi, si un rat pouvait exprimer sa honte en rougissant.

« Confus, l'esprit tout troublé, avec la voix la plus humble qu'il put, prenant une attitude courbée et décontenancée, changeant la forme et le

> Non è l'estinto un animal risivo,
>   Anzi negata gli è per legge eterna
> La virtù per la quale è dato al vivo,
>   Che una sciocchezza insolita discerna,
> Sfogar con un sonoro e convulsivo
>   Atto un prurito della parte interna.
> Però, del conte la dimanda udita,
> Non riscro i passati all' altra vita.
>
> Ma primanente a lor su per la notte
>   Perpetua si diffuse un suon giocondo
> Che di secolo in secolo alle grotte
>   Più remote pervenne infino al fondo.
>   (Ch. VIII, St. 24, 25.)

** Il conte, ancor che la paura avesse
   De' suoi pensieri il principal governo,
Visto poco mancar che non ridesse
   Di sè l'antico tempo ed il moderno,
E tutto per tener le non concesse
   Risa sudando travagliar l'inferno,

ton de sa question, il demanda aux âmes quel parti devait prendre un cœur noble pour délivrer la race des rats de l'ignominie dont elle était enveloppée.

« Comme un luth rouillé et dur, qui est resté plusieurs années muet, répond avec un son enroué et obscur à qui l'essaie ou le heurte par hasard, ainsi avec des paroles confuses et étranges qu'elles produisaient moitié avec les lèvres, moitié avec le nez, rompant leur antique habitude de mutisme, répondirent les ombres à l'habitant du monde éclairé par le soleil.

>>

Arrossito saria, se col rossore
Mostrasse il topo il vergognar di fuore,
E confuso e di cor tutto smarrito,
Con voce il più che si poteva umile,
E in atto ancor dimesso e sbigottito,
Mutando al dimandar figura e stile,
Interrogò gli spirti a qual partito
Appigliar si dovesse un cor gentile
Per far dell' ignominia ov'era involta
La sua stirpe de' topi andar disciolta.
Come un liuto rugginoso e duro
Che sia molti anni già muto rimaso,
Risponde con un suon fioco ed oscuro
A chi lo tenta o lo percota a caso,
Tal con un profferir torbo ed impuro
Che fean mezzo le labbra e mezzo il naso,
Rompendo del tacer l'abito antico
Risposer l'ombre a quel del mondo aprico
E gli ordinàr che riveduto il sole
Di penetrer frà suoi trovasse via. . .

« Elles lui ordonnèrent de revoir la lumière et de trouver un moyen de pénétrer parmi les siens... »

Là il suivrait en pensées, en actes et en paroles les indications qui lui seraient données par un général du nom d'Assegiatore.

« C'etait* un guerrier blanc et brave, qui, estimé et honoré pour son sens et sa vertu, fuyait la vaine gloire d'un vain péril, laissant à une race à la cervelle peu mûre le soin de traiter des niaiseries comme choses sérieuses et fuyant sous son humble toit le dur spectacle de la servitude.

« Il s'était trouvé malade et alité quand les siens eurent la crampe dans le dos, et depuis, in-

---

* Era questi un guerrier canuto e prode,
　　Che per senno e virtù pregiato e culto
　　D'un van perigliar la vana lode
　　Fuggia, vivendo a più potere occulto,
　　Trattar le cance come cose sode
　　A gente di cervel non bene adulto
　　Lasciando, e sotto non superbo tetto
　　Schifando del servaggio il grave aspetto.
Infermo egli a giacer s'era trovato
　　Quando il granchio alle spalle ebbero i suoi,
　　Ed a congiure sceniche invitato
　　Chiusi sempre gli orrechi avea di poi
　　Onde cattivo cittadin chiamato
　　Era talor dai fuggitivi eroi,
　　Ed ei tranquillo in sua virtù, la poco
　　Saggia natura altrui prendeva in gioco.
　　　　(Ch. VIII, St 26, 27, 28, 29, 30, 31.)

vité à des conjurations théâtrales, il avait toujours fermé les oreilles à ces propositions : aussi était-il appelé mauvais citoyen par les héros fugitifs; et, tranquille dans sa vertu, il prenait en moquerie la peu sage nature d'autrui. »

Après mille traverses, le comte arriva chez le sage guerrier. Il ne put d'abord en obtenir une réponse. Enfin Assegiatore, vaincu par ses instances, lui declara sa pensée en ces termes... Malheureusement l'antique manuscrit dont se sert Leopardi est déchiré à ce point, la suite n'en a pas été retrouvée, et nous ne connaîtrons jamais la réponse d'Assegiatore. C'est ainsi que dans le dialogue entre la Nature et un Islandais, l'Islandais est devoré par un lion au moment où il va enfin connaître le secret des choses.

L'impression que laisse une telle satire est assez difficile à déterminer. Elle n'est pas mélancolique, parce qu'elle ne connait pas le doute, et elle n'est point gaie, parce qu'elle connait la vérité et que la vérité est triste : elle ne fait donc ni rêver ni rire. Mais elle ne provoque pas davantage ce sourire amer auquel se plait Voltaire, parce que Leopardi fait trop peu de cas des opinions humaines pour en sourire ou en ressentir de l'amertume. La vérité, c'est que, sereine et dure comme la philosophie dont elle est née, elle nous fait souffrir. Elle rit et elle ne fait point rire. Car le ridicule qu'elle jette nous atteint tous, et si peu nombreuses que soient nos croyances, si abritées contre l'ironie qu'elles nous paraissent, elle les découvre et elle s'en moque. Quel est l'homme qui a lu les Paralipomènes sans être douloureusement troublé, et qui, même si les idées que raille Leopardi ne sont pas les siennes, ne se sent pas touché dans celles que le satirique n'a pas voulu atteindre?

CHAPITRE VIII.

COMPARAISONS ET CONCLUSION.

Originalité des poésies philosophiques. — Leopardi et Alfred de Musset. — Leopardi n'est pas un poète national.

i sévères que soient nos appréciations des poésies patriotiques et amoureuses, la conclusion de cette étude n'est point, on le voit, que l'admiration publique se soit égarée en plaçant Leopardi parmi les grands poetes de ce siècle, mais que la vraie source de son inspiration n'est pas où d'abord elle parait être, c'est-à-dire dans ses infortunes personnelles ou dans son patriotisme, mais dans cette théorie de l'*infelicita*, si lucidement exposée dans les œuvres en prose et principalement dans celles que nous traduisons plus loin. Assurément tout n'est pas faux dans ce qui a été dit de l'influence des souffrances physiques de

Leopardi sur sa poésie; ces souffrances ont pu entrer comme élément dans son inspiration. Mais elles ne sont pas toute son inspiration; elles n'y ont même pas une part dominante. Les odes et les satires sont nées de cette croyance sincère que tout le monde souffre, que le mal est partout, et que si on ne le proclame pas, c'est par amour-propre ou par crainte puérile de l'effet d'un tel aveu. Si l'on veut goûter le charme de cette poésie, il faut admettre sans discussion ce point de départ, se faire, si l'on peut, pessimiste pour un instant, fermer les yeux aux progrès qu'accomplit chaque jour la civilisation, et comme dit Leopardi, « faire naufrage » dans ce désespoir sans bornes :

È dolce il naufragar in questo mare.

A ces conditions, croyons-nous, on goûtera, on aimera même la Ginestra et les Paralipomènes. On peut en effet non seulement goûter, mais encore aimer l'expression poétique des pensées les plus opposées aux nôtres. N'arrivons-nous pas, par l'étude et la comparaison, à nous plaire aux monuments de civilisations disparues? N'est-il pas possible de même d'oublier un instant notre doctrine particulière et de sortir de nous pour entrer dans ces poèmes si beaux par l'union intime de la forme et de l'idée, de la forme la plus pure, la plus claire, et la plus élégante qui puisse se trouver et de l'idée la plus personnelle qui ait jamais animé une poésie? Et nous ne pensons pas que ce soit se trahir soi-même, ni mettre en péril les convictions qu'on peut avoir, que de chercher à se placer provisoirement dans l'état d'âme où se trouvait le penseur au moment de développer et d'embellir par la poésie la conception de son intelligence.

Cet état d'âme de Leopardi, nous avons essayé de le décrire et de montrer cette sorte d'idée fixe, d'abord voilée, se dégageant par degré pour absorber enfin ou éliminer toutes les autres idées, idées empruntées, sans racines dans l'esprit du poète et qui n'ont produit que des poésies parfois banales et creuses.

Cette recherche aura suffi à faire voir comment la poésie de Leopardi est originale, et aussi comment elle est, pour ainsi dire, unique. Aucun poète ne fut jamais inspiré par une incrédulité de même nature*, et on a vu que Leopardi n'avait pu arra-

---

* Peut-être trouverait-on quelque analogie entre la pensée de Leopardi et celle qu'on lit dans les yeux et dans le sourire de cette femme reproduite partout par Léonard de Vinci, non pas seulement dans le portrait du Louvre, mais aussi dans les esquisses au crayon rouge du palais Brera, de l'Académie des beaux-arts de Venise et des Offices. Quand tous les autres peintres célèbrent la vie ou l'espérance, il semble, si l'on compare ces dessins et si on les rapproche de la Joconde, inexplicable sans ce commentaire, que Léonard de Vinci ait voulu exprimer dans ces traits, tantôt ironiques, tantôt tristes, comme une aspiration vers le néant. Voir surtout la tête du Christ au Brera et les dessins du musée de Venise.

cher à l'antiquité un seul témoignage sérieux en faveur de son pessimisme. Est-il besoin d'indiquer en quoi il diffère des poètes ses contemporains? Sans doute, il n'était pas rare à cette époque que de grandes âmes fussent mélancoliques, et la tristesse de lord Byron et de Châteaubriand ne fut ni moins sincère ni moins profonde que celle de Leopardi. Mais lord Byron et Châteaubriand ne découvraient cette tristesse qu'en eux-mêmes : ils se croyaient seuls ou presque seuls à souffrir, et ce mal qu'ils décrivent n'est pas encore le mal du siècle, mais celui de Lara et de René. La douleur est leur lot, et c'est dans ce contraste entre la détresse de leur âme et la sérénité d'autrui qu'ils trouvent le sentiment de leur misère ainsi que leur consolation et leur gloire. Ce qui distingue Leopardi des grands mélancoliques qui inaugurèrent le XIXe siècle, c'est de n'avoir pas réclamé pour lui ce privilege de la douleur, et de l'avoir étendu à l'humanité tout entière. Sa propre infortune n'est là que pour faire nombre dans la multitude des infortunes humaines. Dans les âmes trop discrètes ou trop menteuses de ses contemporains, il devine la même *infelicita*. Ceux-là disent : « Je souffre. » Leopardi s'écrie : « Nous souffrons. » Werther et Jacopo Ortis se mettent à l'écart de la foule et se croient les chefs d'une aristocratie de la douleur. Ottonieri proclame que tout le monde est malheureux, mais que presque personne ne consent à l'avouer.

On rapproche plus volontiers Alfred de Musset de Leopardi; tous deux sont morts jeunes; tous deux ont écrit des poésies mélancoliques; ils ont aimé tous deux la brièveté et la perfection et n'ont pas laissé d'œuvres de longue haleine. Comme Leopardi, Musset est cher à des esprits choisis, qui se piquent de n'être que quelques-uns à le goûter, tout en étant néanmoins plus nombreux peut être qu'ils ne le pensent et qu'ils ne le voudraient. Mais s'il est vrai de dire que les poètes, une fois illustres, ont comme des clients qui se groupent, plus rares ou plus nombreux selon les temps, autour de leur génie et de leur nom, la clientèle de Leopardi n'est pas celle de Musset. La muse philosophique de celui-là sera accompagnée dans son progrès discret, mais interrompu, à travers la postérité, par quelques difficiles systématiquement portés à ne voir qu'un côté des choses, âmes rigides et pures qui ne veulent pas aimer la vie; — Musset est condamné à mener, quoi qu'il en ait, le chœur spirituel et élégant de ceux qui aiment trop à vivre, esprits superficiels, faciles, âmes changeantes et molles qui auront été séduites, les unes par la douleur du maître, les autres par ses vues quelquefois justes, toujours hâtives et courtes, sur les choses morales.

C'est qu'en effet rien, ni dans sa vie ni dans ses œuvres, n'autorise à rapprocher le poète français du poète italien. Leopardi se développa seul dans une bourgade isolée du monde; Musset ne fut jamais seul. De celui-là, son biographe Ranieri a dit *qu'il mourut vierge* à 39 ans; celui-ci se jeta, au sortir du collège, dans le plaisir et le bruit, et, dit-il, y rencontra souvent l'amour. Dès son entrée dans le monde, il fut en vue, presque en scène, déjà applaudi, récompensé, aussi loin de la pauvreté que de l'oubli. Il personnifia dans sa vie scandaleuse, mais presque toujours de bon ton, la jeunesse de ce temps-là, romantique à vingt ans, classique à trente, écrivant après *Don Paëz* les *Lettres de Dupuis et de Cotonnet*, l'*Espoir en Dieu* après *Mardoche*, commençant par la *Ballade à la lune* et finissant par le *Discours de réception à l'Académie française*. Sa vie n'a pas ce qui fait la grandeur et l'originalité de celle de Leopardi, c'est-à-dire l'unité.

Son œuvre aussi manque d'unité. La seconde partie de ses poésies semble être la réfutation de la première : c'est l'amour sincère mis au-dessus du plaisir, c'est Rodolphe, dans l'*Idylle*, vaincu par Albert, c'est la volupté du souvenir triomphant de la volupté même de la possession. Ce recueil, qui a commencé par des joyeusetés, est couronné, en quelque sorte, par cette pièce du *Souvenir* qui est inspirée par un idéalisme anologue à celui de Pétrarque. — Ces contradictions ne prouvent rien contre la beauté de l'œuvre de Musset. Il a peint d'une main délicate et sûre le cœur humain en ses métaphores et en sa diversité. C'est un poëte comme Lamartine, comme Victor Hugo, moins grand sans doute, mais puisant à la même source d'inspiration; comme eux, en effet, il a exprimé ceux des sentiments de sa génération qui l'ont le plus vivement touché. Mais il n'est pas un philosophe, malgré sa science du cœur humain, malgré la vérité brûlante de ses peintures, malgré les *Nuits,* malgré l'*Espoir en Dieu.* Ce n'est pas la douleur qu'il chante, c'est sa douleur à lui. Et c'est précisément parce qu'il ne généralise pas, parce que c'est lui seul qui a été trahi, déçu, frappé, parce que c'est lui seul qui a souffert, qu'il émeut, qu'il fait tressaillir. Il se propose de saisir les âmes et de les remuer, non de leur faire connaître la vérité. Il n'avait point avant d'écrire d'idées arrêtées sur les choses ni de conception particulière de l'univers; mais, ayant souffert, il a chanté, et à ses chants se sont mêlées parfois, comme il arrive, des considérations générales sur la douleur:

> Car, lorsque nous avons quelque ennui dans le cœur,
> Nous nous imaginons, pauvres fous que nous sommes,
> Que personne, avant nous, n'a connu la douleur.

Parfois cependant il veut, il prétend philosopher. L'*Espoir en Dieu* n'est pas seulement une poésie religieuse; c'est, si l'on y regarde de près, l'abrégé d'un système de philosophie, réduit ou arrangé pour la versification. Il s'y trouve même une histoire et une réfutation des doctrines des philosophes précédents. Les manichéens, les théistes, Platon, Aristote, Pythagore, Leibnitz, Descartes, Montaigne, Pascal, Pyrrhon, Zénon, Voltaire, Spinosa, Locke, Kant sont passés en revue, dans l'ordre fantastique que nous venons de suivre et appréciés en termes non seulement inexacts*, mais, si l'on peut s'exprimer ainsi en parlant de l'auteur des *Nuits,* presque puérils. Tout le poème est, pour le raisonnement, impossible à discuter. — Il n'y a même pas dans les idées morales d'Alfred de Musset quelque chose de cette suite et de ce progrès qui se rencontrent à un degré remarquable dans le développement de certaines pensées poétiques, indépendantes de toute conception philosophique antérieure, dans celle de Victor Hugo, par exemple. Cette conclusion de l'*Espoir en Dieu,* fondée, ou à peu près, sur l'étrange raisonnement de Voltaire ainsi modifié : « Si Dieu n'*existe* pas, il *faut* l'inventer, » il semble que Musset y tient et que cette prière éloquente, qui termine le poème, va donner désormais à son inspiration un caractère plus sérieux ou plus conforme aux croyances

---

* Que dire, par exemple, de ces vers sur Kant

> Enfin sort des brouillards un rhéteur allemand
> Qui, du philosophisme achevant la ruine,
> Déclare le ciel vide et conclut au néant?

déistes : il n'y songe plus le lendemain; il déclare même, avec une verve inattendue, que la vraie morale c'est d'aimer sa mie « à la barbe du siècle », comme le faisait Regnier.

Si de telles contradictions sont profondément humaines, si même elles sont l'un des charmes des poésies de Musset, il faut reconnaître qu'elles marquent bien que Leopardi et Musset ne se ressemblent pas, qu'il n'y a même peut-être pas eu deux poètes, parmi ceux qu'on appelle mélancoliques, dont le génie et l'inspiration aient à ce point différé. L'un, comme poète et comme homme, est mené par sa vie; l'autre la dirige. Musset est l'esclave docile des caprices de son cœur et de son imagination; le cœur et l'imagination de Leopardi sont soumis, dans les pièces où il est lui-même, à une pensée dominante et qui ne change pas. Lucrèce et Ovide n'ont pas été plus dissemblables.

Quant au jugement que Musset a porté sur Leopardi, il suffirait à prouver, s'il était nécessaire de le prouver, que la douleur de Leopardi fut sans influence sur l'œuvre poétique de Musset : car il est difficile de se méprendre autant que l'a fait l'auteur de *Après une Lecture*. Ces vers, qui sont dans toutes les mémoires, sont harmonieux et ont le mérite d'avoir contribué à la renommée de Leopardi; mais Musset avait-il lu toutes les poésies? Ne les avait-il pas plutôt parcourues, distrait, songeant à lui-même, se cherchant dans sa lecture comme il arrive aux poètes? Sinon, comment aurait-il dit que Leopardi *dédaigna la rime*, lui qui usa dans ses *canzoni* de ce système de rimes, le plus compliqué qui existe, dont Dante a tracé les règles? Où voit-il que Leopardi « n'a laissé vibrer sur son luth irrité que l'accent du malheur *et de la liberté* »? Comment ce grand connaisseur en amour a-t-il pris au sérieux la Nérine de Leopardi? Cependant les derniers vers de *Après une Lecture* sont de quelqu'un qui n'est pas dupe de « la légende douloureuse », et qui devine que, dans ses disgrâces et ses contrariétés, Leopardi a vécu libre et, par conséquent, heureux :

> .....Seul, l'âme désolée,
> Mais toujours calme et bon, sans te plaindre du sort,
> Tu marchais en chantant dans ta route isolée.
> L'heure dernière vint, tant de fois appelée :
> Tu la vis arriver sans crainte et sans remord,
> Et tu goûtas enfin *le charme de la mort**.

Rien d'aussi vrai n'a été dit sur le caractère de Leopardi. Il n'aimait point qu'on se complût dans les plaintes ni même dans la mélancolie : « Les jeunes gens, disait-il, croient en général se rendre aimables en feignant d'être mélancoliques. Et peut-être que, quand elle est feinte, la mélancolie peut plaire pendant quelque temps, surtout aux femmes.

---

* *La gentilezza del morir.* (Am. e Morte.)

Mais quand elle est vraie, elle met en fuite tout le genre humain; et, à la longue, on voit qu'il n'y a qu'une chose qui plaise et qui réussisse dans le commerce des hommes, c'est la gaieté; parce que finalement, contrairement à ce que pensent les jeunes gens, le monde (et il n'a pas tort) aime, non à pleurer, mais à rire*. » Assurément Leopardi ne cherche pas à faire rire; mais, comme dit Musset, il reste *calme, il marche en chantant dans sa route isolée.* Sa poésie, toute triste qu'elle est, a quelque chose de fort et de viril, qui vient de l'âme du poète, non de ses doctrines, et qui fait que son désespoir est plutôt sain que malade et invite à lutter en homme et non à se laisser aller en enfant au gré des choses.

Mais cette influence salutaire de la poésie léopardienne ne peut se produire que sur un très petit nombre d'esprits très cultivés, capables de distinguer entre les conséquences mauvaises de la théorie de l'*infelicità* et l'impression fortifiante que laisse ce grand et heureux effort tenté par un esprit libre pour chanter une pensée si destructrice, en apparence, de toute poésie. Le grand nombre risquera ou de ne pas comprendre les idées de Leopardi ou de trop les comprendre. Quel intérêt ou quelle utilité peuvent offrir à la grande majorité des Italiens, qui croient à la justice et au progrès

---

* *Pensieri*, XXXIV, éd. Lemonnier.

et qui vivent de ces croyances, les négations et les parodies raffinées qui font le mérite de la *Ginestra* et des *Paralipomènes?* Et les poésies dites patriotiques, qui ne sont point sincères tant qu'elles veulent être patriotiques, et qui ne sont plus patriotiques quand elles deviennent sincères, mélange incohérent d'imitations serviles ou maladroites et de contradictions qui les rendent, si on ne connaît pas l'*infelicità*, incompréhensibles, quels sentiments peuvent-elles exciter chez un peuple qui a eu Pétrarque et qui hier encore avait Manzoni? Aussi ne pouvons-nous nous expliquer qu'en Italie les principales poésies de Leopardi, y compris la *Ginestra,* soient mises entre les mains des élèves des lycées, en même temps que les œuvres des grands poètes dont les idées ont fait l'Italie. Peut-être n'est-ce qu'un hommage, comme l'Italie aime à en rendre à toutes ses gloires. Mais Leopardi n'est pas un poëte national; il serait peut-être plus naturel de le réserver, non à l'éducation d'un peuple, mais au plaisir de quelques esprits libres et lettrés.

POESIES

POÉSIES

I

A L'ITALIE

(1818.)

 ma patrie, je vois les murs, les arcs, les colonnes, les statues et les tours désertes de nos aïeux; mais leur gloire, je ne la vois pas; je ne vois ni le laurier ni le fer que ceignaient nos peres antiques. Aujourd'hui, désarmée, tu montres un front nu, une poitrine nue. Hélas! quelles blessures! quelle pâleur! que de sang! Oh! dans quel état je te vois, femme très belle! Je demande au ciel et au monde : Dites, dites, qui l'a réduite à ce point? Et ce qui est pis encore, elle a les

deux bras chargés de chaines. Les cheveux épars et sans voile, elle s'est assise à terre, abandonnée et désespérée : elle cache sa figure entre ses genoux et elle pleure. Pleure, car tu as bien de quoi pleurer, mon Italie, toi qui es née pour vaincre les nations dans la bonne fortune et dans la mauvaise.

« Quand même tes yeux seraient deux sources vives, jamais tes larmes ne pourraient égaler ta misère et ton déshonneur : car tu as été maitresse et tu es maintenant une pauvre servante. Qui parle de toi, qui écrit sur toi, sans se souvenir de ton passé et dire : elle a été grande jadis et maintenant elle ne l'est plus? Pourquoi? pourquoi? Où est la force antique? où sont les armes, la valeur et la constance? Qui t'a arraché ton épée? Qui t'a trahie? Quel artifice, quel effort, quelle si grande puissance a pu te dépouiller de ton manteau et de ton bandeau d'or? Comment et quand es-tu tombée d'une telle hauteur en un lieu si bas? Personne ne combat pour toi? aucun des tiens ne te defend? Des armes! donnez-moi des armes! Je combattrai seul, je tomberai seul. Fais, ô Ciel, que mon sang soit du feu pour les poitrines italiennes.

« Où sont tes fils? J'entends un bruit d'armes, de chars, de voix et de timbales; en des contrées étrangères combattent tes fils. Écoute, Italie, écoute. Je vois, ou il me semble voir, un flot de antassins et de cavaliers, de la fumée, de la poussière, la lueur des épées comme parmi les nuages des éclairs. Ne prends-tu pas courage? et n'as-tu pas la force de tourner tes yeux tremblants vers cet événement douteux? Pour qui combat dans ces plaines la jeunesse italienne? O dieux! ô dieux! C'est pour une terre étrangère que combattent les épées italiennes! O malheureux celui qui à la guerre a été tué, non pour les paternels rivages, ni pour sa pieuse épouse, ni pour ses fils chéris, mais de la main des ennemis d'autrui, pour une nation étrangère, et qui ne peut pas dire en mourant: Douce terre natale! la vie que tu m'as donnée, voici que je te la rends.

« O heureux, chers et bénis les âges antiques, où les nations couraient par légions à la mort pour la patrie, et vous, toujours honorés et glorieux, ô défilés thessaliens, où la Perse et la destinée furent bien moins fortes que quelques âmes libres et généreuses! Oui, vos plantes, vos rochers, votre onde, vos montagnes doivent raconter au passant d'une voix indistincte comment toute cette rive fut couverte par ces bandes invaincues, par ces corps qui avaient été dévoués à la Grèce. Alors, vil et féroce, Xerxès s'enfuyait à travers l'Hellespont, devenu la risée de la postérité la plus reculée; et sur la colline d'Anthela, où en mourant la sainte armée se rendit immortelle, Simonide montait, regardant l'air, la mer et la terre. »

Et les deux joues couvertes de larmes, la poitrine haletante, le pied vacillant, il prenait la lyre en main : « O très heureux, vous qui offrîtes votre poitrine aux lances ennemies pour l'amour de celle qui vous mit au jour; vous que la Grèce honore et que le monde admire. Quel si grand amour entraîna vos jeunes âmes dans les armes et dans les périls ? quel amour vous entraîna dans l'amer destin ? Comment, ô fils, vous parut-elle si joyeuse, l'heure suprême, quand, en riant, vous courûtes vers le pas lamentable et dur ? Il semblait que chacun de vous allât à une danse ou à un banquet splendide, et non pas à la mort. Mais l'obscur Tartare et l'onde morte vous attendaient, et ni vos épouses ni vos fils ne furent près de vous quand sur l'âpre rivage vous mourûtes sans baiser et sans larmes.

« Mais non pas sans un horrible châtiment et une immortelle angoisse des Perses. Comme un lion, dans un troupeau de taureaux, saute sur le dos de celui-ci et lui déchire l'échine avec ses crocs, et mord le flanc de celui-là et la cuisse de cet autre : telles parmi les bataillons perses sévissaient la colère et la valeur des poitrines grecques. Vois les chevaux et les cavaliers à terre. Vois la fuite des vaincus s'embarrasser dans les chars et les tentes tombées, et courir parmi les premiers, pâle et échevelé, le tyran lui-même. Vois comme sont couverts du sang barbare ces héros grecs qui causent aux Perses un deuil infini. Peu à peu, vaincus par les blessures, ils tombent l'un sur l'autre. Oh viva, viva! hommes heureux que vous êtes, tant que dans le monde on parlera ou on écrira.

« Les étoiles arrachées et précipitées dans la mer s'y éteindront en sifflant dans l'abime, avant que votre mémoire et l'amour de vous passent ou s'affaiblissent. Votre tombe est un autel : les mères y viendront montrer à leurs enfants les belles traces de votre sang. Voici que je me prosterne, ô hommes bénis, sur le sol et que je baise ces rochers et ces mottes de terre, qu'on louera et célébrera éternellement de l'un à l'autre pôle. Ah! que ne suis-je avec vous là-dessous et que n'est-elle mouillée de mon sang, cette terre si douce! Si mon destin est autre, s'il ne consent pas à ce que pour la Grèce je ferme mes yeux mourants, renversé à la guerre, puisse la modeste renommée de votre poète dans les races futures, si les dieux le veulent, durer autant que la vôtre durera. »

II

SUR LE MONUMENT DE DANTE

qu'on préparait à Florence.

(1818.)

Quoique la paix rassemble nos peuples sous ses blanches ailes, les âmes italiennes ne se délivreront jamais des liens de l'antique sommeil, si cette terre prédestinée ne se retourne vers les exemples paternels de l'âge ancien. O Italie, prends à cœur de faire honneur aux hommes du passé : car tes contrées sont veuves aujourd'hui de tels hommes et il n'en est pas qui méritent que tu les honores. Tourne-toi en arrière et regarde, ô ma patrie, cette troupe infinie d'immortels, et pleure et irrite-toi contre toi-même : car désormais la douleur est sotte sans la colère. Tourne-toi, aie honte et éveille-toi : sois une fois mordue par la pensée de nos aïeux et de nos descendants.

Jadis les hôtes curieux, de climat, de génie et de langage différents, cherchaient, sur le sol toscan, où gisait celui dont les vers ont fait que le chantre Méonien n'est plus seul, et, ô honte, ils entendaient dire, non seulement que la cendre froide et les os nus du poète gisaient encore, depuis sa mort, dans l'exil, sous une terre étrangère, mais encore que dans tes murs, Florence, il ne s'élevait pas une pierre en l'honneur de celui dont le génie te fait honorer du monde entier. Hommes pieux ! par vous notre pays lavera un opprobre si triste et si humiliant. Tu as entrepris une belle œuvre, groupe vaillant et courtois, et qui te vaut l'amour de tout cœur que brûle l'amour de l'Italie.

Qu'il vous aiguillonne, l'amour de l'Italie, ô amis, l'amour de cette malheureuse pour qui la pitié est morte désormais dans toute poitrine, parce que le Ciel lui a donné des jours amers après une belle saison. Que votre courage soit accru, que votre œuvre soit couronnée par la miséricorde, ô fils d'Italie, et par la douleur et la colère d'un tel outrage, qui baigne de larmes ses joues et son voile. Mais vous, de quelle parole ou de quel chant doit-on vous parer, vous qui donnerez à cette douce entreprise vos soins et vos conseils, et qui y mettrez votre génie et votre main? Quels accents vous enverrai-je qui puissent faire naître une nouvelle étincelle dans votre âme enflammée? La hauteur du sujet vous inspirera; il vous enfoncera dans le sein d'âcres aiguillons. Qui dira les flots et le trouble de votre fureur et de votre immense amour ? Qui peindra l'éclair des yeux ? Quelle voix mortelle peut égaler en la figurant une chose céleste ? Loin, loin d'ici toute âme profane ! Oh ! quelles larmes l'Italie réserve à cette noble pierre ! Comment tombera votre gloire, comment et quand sera-t-elle rongée du temps ? Vous par qui notre mal est adouci, vous vivez toujours, ô arts chers et divins, consolation de notre malheureuse race, vous qui vous appliquez à célébrer les gloires italiennes parmi les ruines italiennes.

Voici que, désireux moi aussi d'honorer notre mère dolente, j'apporte ce que je puis et je mêle mon chant à votre œuvre, m'asseyant au lieu où votre fer donne la vie au marbre. O père glorieux du maître toscan, si quelque nouvelle des choses terrestres et de Celle que tu as placée si haut arrive à vos rivages, je sais bien que pour toi tu n'en ressens pas de joie, que les bronzes et les marbres sont plus fragiles que la cire et le sable au prix de la renommée que tu as laissée de toi ; et si nos mémoires t'ont laissé tomber, si elles te laissent jamais tomber, croisse notre malheur, s'il peut croître, et puisse ta race obscure au monde entier pleurer en des deuils éternels.

Non, ce n'est pas pour toi que tu te réjouis : c'est pour ta pauvre patrie, dans l'espoir qu'un jour l'exemple des aïeux et des pères donne aux fils endormis et malades assez de valeur pour qu'une fois ils lèvent la tête ! Hélas ! de quel long tourment tu la vois affligée celle qui, humble, te saluait quand tu montas de nouveau au paradis! Tu le vois : elle est aujourd'hui si abattue que, de son temps, elle était heureuse et reine en comparaison. Une telle misère l'étreint, qu'à la voir tu n'en crois peut-être pas tes yeux. J'omets les autres ennemis et les autres deuils, mais non le plus récent malheur et le plus cruel par lequel ta patrie se vit presque à son dernier soir. Tu es heureux, Dante, toi que le destin n'a pas condamné à vivre au milieu de tant d'horreurs; toi qui n'as pas vu les femmes italiennes aux bras d'un soldat barbare, ni les villes et les maisons pillées et détruites par la lance ennemie et la fureur étrangère, ni les œuvres du génie italien emmenées au delà des Alpes pour une servitude misérable, ni les tristes chemins encombrés d'une foule de chars, ni les âpres commandements, ni la domination superbe; toi qui n'as pas entendu les outrages et la parole impie de liberté qui nous raillait au bruit des chaines et des fouets. Qui ne se lamente? Quelle chose n'avons-nous pas soufferte? A quoi n'ont-ils pas touché, ces félons? A quel temple, à quel autel ou à quel crime?

Pourquoi sommes-nous arrivés à des temps si pervers? Pourquoi nous as-tu donné de naître ou pourquoi auparavant ne nous as-tu pas donné de mourir, cruel destin? Nous voyons notre patrie servante et esclave d'étrangers et d'impies, nous voyons une lime mordante ronger sa vertu, et, en aucun point, il ne nous a été donné d'adoucir par quelque secours ou quelque consolation l'impitoyable douleur qui la déchirait. Ah! tu n'as pas eu notre sang et notre vie, ô chère patrie, et je ne suis pas mort pour ta cruelle fortune. Ici la colère et la pitié abondent dans mon cœur; un grand nombre de nous ont combattu, sont tombés; mais ce n'était pas pour la moribonde Italie; c'était pour ses tyrans.

Père, si tu ne t'indignes pas, tu es changé de ce que tu fus sur terre. Ils mouraient sur les tristes rives des Ruthènes, dignes, hélas! d'un autre sort, les braves Italiens; et l'air, le ciel, les hommes et les bêtes leur faisaient une guerre immense. Ils tombaient légion par légion, à demi-vêtus, maigres et sanglants, et la neige était le lit de leurs corps malades. Alors quand ils traînaient leurs souffrances suprêmes, se souvenant de cette mère désirée, ils disaient : Oh! ce n'est point par les nuées et par le vent que nous aurions dû périr, mais par le fer et pour ton bien, ô notre patrie! Voici qu'éloignés de toi, quand nous sourit notre plus bel âge, ignorés du monde entier, nous mourons pour cette nation qui te tue.

Leur plainte fut entendue par le désert boréal et les forêts sifflantes. C'est ainsi qu'ils arrivèrent au trépas, et leurs cadavres, laissés à découvert sur cette mer horrible de neige, furent dévorés par les bêtes ; et le nom des vaillants et des forts se confondra toujours et ne fera qu'un avec celui des lâches et des vils. Ames chères, bien qu'infinie soit votre infortune, donnez-vous la paix ; et que ceci vous console que vous n'aurez aucune consolation ni dans cet âge ni dans l'âge futur. Dans le sein de votre douleur sans limites, reposez-vous, ô vrais fils de Celle à la suprême adversité de laquelle la vôtre est seule assez grande pour ressembler.

Votre patrie ne se plaint pas de vous, mais de celui qui vous pousse à combattre contre elle, si bien que toujours elle pleure amèrement et confond ses larmes avec les vôtres. Oh! si celle qui surpassa toute gloire pouvait faire naître la pitié au cœur de l'un des siens, et si cet homme la pouvait retirer du gouffre si noir et si profond où elle s'épuise et s'engourdit! O glorieux esprit, dis-moi : L'amour de ton Italie est-il mort? Dis : cette flamme dont tu brûlas, est-elle éteinte? Dis : ne reverdira-t-il plus jamais, ce myrte qui allégea pour si longtemps notre mal? Nos couronnes sont-elles toutes éparses sur le sol? Ne surgira-t-il jamais personne qui te ressemble par quelque côté?

Avons-nous péri pour toujours? et notre honte n'a-t-elle aucune fin? Moi, tant que je vivrai, j'irai criant partout : Tourne-toi vers tes aïeux, race dégénérée, regarde ces ruines, ces livres, ces toiles, ces marbres et ces temples. Pense quelle terre tu foules; et si la lumière de tels exemples ne peut t'éveiller, qu'attends-tu? Lève-toi et pars. Elle ne convient pas à une conduite si corrompue, cette nourrice, cette école d'âmes hautes : si elle est le séjour de lâches, mieux vaut qu'elle reste veuve et seule.

III

A ANGELO MAÏ

quand il eut trouvé la *Republique* de Cicéron.

(1820.)

Courageux Italien, dans quel dessein ne cesses-tu jamais d'éveiller nos pères dans leurs tombes et les mènes-tu parler à ce siècle mort, sur lequel pèse un tel nuage d'ennui? Et comment viens-tu si forte et si fréquente à nos oreilles, voix antique des nôtres, morte depuis si longtemps? Et pourquoi tant de résurrections? En un éclair les manuscrits sont devenus féconds : les cloîtres poudreux ont caché et gardé pour l'âge présent les généreuses et saintes paroles des aïeux. Et quelle force t'inspire le destin, noble Italien? Ou est-ce peut-être que le destin lutte en vain contre la force humaine?

Certes, ce n'est pas sans un profond dessein des dieux qu'au moment où notre oubli sans espoir est le plus paresseux et le plus lourd, un nouveau cri de nos pères revient à tout moment nous frapper. Le Ciel a donc encore pitié de l'Italie : quelque immortel s'inquiète encore de nous. C'est l'heure ou jamais de ressaisir l'antique vertu du caractère italien, et nous voyons que tel est le cri des morts et que la terre découvre, pour ainsi dire, les héros oubliés, pour rechercher si à cet âge si avancé, il te plaît encore, ô patrie, d'être lâche.

O glorieux ancêtres, conservez-vous encore quelque espérance de nous? N'avons-nous pas péri tout entiers? Peut-être le pouvoir de connaître l'avenir ne vous est-il pas ravi. Moi, je suis abattu, et je n'ai aucune défense contre la douleur; obscur m'est l'avenir et tout ce que j'en distingue est tel que cela me fait paraître l'espérance comme un songe et une folie. Ames braves, une plèbe déshonorée, immonde, vous a succédé sous vos toits; pour votre race, tout courage d'action et de parole est un sujet de moquerie; votre gloire éternelle ne provoque plus ni rougeur ni envie. L'oisiveté entoure vos monuments, et nous sommes devenus un exemple de bassesse pour l'âge futur.

Génie bien né, si personne ne s'inquiète de nos grands aïeux, prends-en souci, toi à qui le destin fut si favorable que tu sembles nous ramener à ces jours où les divins anciens levaient la tête hors de l'antique et cruel oubli où ils étaient ensevelis avec les lettres. Aux anciens la nature parla sans ôter son voile, et ils réjouirent ainsi les magnanimes repos d'Athènes et de Rome. O temps, ô temps enveloppés dans un sommeil éternel ! Alors la ruine de l'Italie n'était pas encore achevée, nous étions encore impatients d'un repos honteux, et les souffles de l'air emportaient de nombreuses étincelles de ce sol.

Elles étaient chaudes encore, tes cendres saintes, ennemi indompté de la fortune, dont le dédain et la douleur préférèrent l'enfer à la terre. L'enfer ! et quelle région en effet ne vaut pas mieux que la nôtre? Et tes douces cordes murmuraient encore touchées par ta droite, infortuné amant. Ah! de la douleur sort et naît le chant italien. Et cependant moins pesant, moins mordant est le mal dont on souffre que l'ennui dont on étouffe. O heureux, toi dont pleurer fut la vie ! Nous, l'ennui nous a mis le maillot ; près de notre berceau il se tient immobile, et, sur notre tombe, le néant.

Mais tu vivais alors avec les astres et la mer, fils audacieux de la Ligurie, quand au delà des colonnes, au delà des rivages où l'on avait cru le soir entendre siffler l'onde quand le soleil s'y plongeait, te confiant aux flots infinis, tu retrouvas les rayons déjà couchés et le jour qui naît alors que pour nous il a disparu; tu vainquis toute opposition de la nature; la découverte d'une immense terre inconnue fut la gloire de ton voyage et de ton retour plein de dangers. Hélas! hélas! mais le monde, une fois connu, ne s'accroît pas, il diminue plutôt, et l'air sonore, la terre bienfaisante et la mer apparaissent bien plus vastes aux enfants qu'au sage.

Où sont allés nos beaux rêves de séjours inconnus d'hommes inconnus, ou de la demeure diurne des astres, ou du lit lointain de la jeune Aurore et du sommeil nocturne et mystérieux de la grande planète? Les voilà évanouis tout d'un coup et le monde est représenté sur une petite carte. Voilà que tout est semblable et les découvertes n'accroissent que le néant. La vérité, à peine arrivée, t'interdit à nous, ô chère imagination ; notre âme s'éloigne de toi pour l'éternité ; les années nous soustraient à ton premier et merveilleux pouvoir, et la consolation de nos chagrins a péri.

Tu naissais cependant aux doux songes et les premiers soleils brillaient à ta vue, chantre gracieux des armes et des amours qui, dans un âge bien moins triste que le nôtre, remplirent la vie d'heureuses erreurs : c'était la nouvelle espérance de l'Italie. O tours, ô cellules, ô femmes, ô cavaliers, ô palais! A penser à vous, en mille vains agréments se perd mon âme. De vanités, de belles folies et d'étranges pensées se composait la vie humaine : nous les chassâmes en foule ; or, que reste-t-il, maintenant que leur verdure est ôtée aux choses? Seule, la vue certaine que tout est vain, hormis la douleur.

O Torquato, ô Torquato, alors le ciel nous préparait ton âme sublime et ne te préparait que des larmes. O malheureux Torquato! ton doux chant ne peut te consoler ni fondre la glace dont ton âme, qui était si ardente, avait été entourée par la haine, par l'envie immonde des particuliers et des tyrans. L'amour, l'amour, la dernière illusion de notre vie, t'abandonnait. Le néant te parut une ombre réelle et solide, et le monde une plage inhabitée. Ton honneur tardif, tes yeux ne l'ont pas vu; l'heure suprême te fut une récompense et non un dommage. C'est la mort que demande celui qui a connu notre mal, et non une couronne.

Reviens, reviens parmi nous, sors de ton sépulcre muet et désolé, si tu es désireux d'angoisse, ô misérable exemple d'infortune! La vie d'alors te parut triste et affreuse : la nôtre est encore pire. O ami, qui te plaindrait? on n'a souci que de soi-même. Qui n'appellerait encore insensé ton mortel chagrin, aujourd'hui que ce qui est grand et rare se nomme folie. Ce n'est plus l'envie, c'est l'indifférence, bien plus dure que l'envie, qui attaque les grands hommes. Les chiffres sont plus écoutés que la poésie, et qui aujourd'hui t'apprêterait le laurier une seconde fois?

Depuis toi jusqu'à ce jour, ô malheureux génie,

aucun homme n'a été digne du génie italien, sauf un seul, et qui ne méritait pas ce siècle lâche : c'est ce fier Allobroge au cœur plein d'une mâle vertu qui lui vint du Nord et non de mon pays fatigué et aride. Simple particulier, sans armes (audace mémorable!) il fit sur la scène la guerre aux tyrans. Qu'on accorde du moins cette guerre misérable et ce vain champ de bataille aux colères impuissantes du monde. Le premier et seul il descendit dans l'arène et nul ne suivit : maintenant l'oisiveté et un lâche silence nous oppressent tous.

Toute sa vie, sa vie sans tache, se passa à s'indigner et à frémir, et la mort le préserva de voir pire. O mon Alfieri, ni cet âge ni ce pays n'étaient pour toi. D'autres temps, d'autres séjours conviennent aux génies sublimes. Maintenant nous vivons rassasiés de repos et dirigés par la médiocrité : le sage est descendu et la foule a monté à un seul niveau qui égalise le monde. O inventeur fameux, continue; réveille les morts, puisque les vivants dorment; arme les langues éteintes des anciens héros; tellement qu'à la fin ce siècle de fange ou désire la vie et se lève pour des actes illustres, ou ait honte de lui-même.

IV

POUR LES NOCES DE MA SŒUR PAULINE.

(1824.)

Puisque tu quittes le silence du nid paternel, les fantômes heureux et l'antique erreur, ce don céleste qui embellit à tes yeux ce rivage solitaire, puisque le destin t'entraîne dans la poussière et le bruit de la vie, apprends à connaître la vie d'opprobre que le ciel dur nous a prescrite, ô ma sœur! Tu vas accroître la malheureuse famille de la malheureuse Italie. Fais pour tes enfants provision d'exemples courageux. La destinée humaine a interdit à l'humaine vertu de respirer un air doux, et une poitrine trop frêle ne peut renfermer une âme pure.

Ou malheureux ou lâches seront tes fils. Choisis-les malheureux. Entre la fortune et le courage les mœurs corrompues ont placé un immense abîme. Ah! c'est trop tard, c'est dans le soir des choses humaines que celui qui naît acquiert le mouvement et le sentiment. C'est l'affaire du ciel : toi, fixe en ton âme cette pensée dominante que tes fils ne doivent devenir ni les amis de la fortune ni les jouets de la crainte vile ou de l'espérance. C'est ainsi que vous serez réputés heureux dans l'âge futur, puisque (sacrilège coutume d'une race lâche et hypocrite) nous méprisons la vertu vivante et nous la louons morte.

Femmes, la patrie n'attend pas peu de vous, et ce n'est pas pour la perte et la honte de la race humaine qu'il fut donné aux doux rayons de vos regards de dompter le fer et le feu. C'est à votre gré que l'homme sage et fort travaille et pense, et tout ce que le jour enveloppe du circuit de son char divin s'incline devant vous. C'est à vous que je demande compte de notre époque. La sainte flamme de la jeunesse s'éteint-elle donc par votre main? Est-ce par vous que notre nature s'est affaiblie et brisée? Et si les esprits s'endorment, si les volontés se dégradent, si la valeur native a perdu ses nerfs et sa chair, est-ce par votre faute?

L'amour, si on sait l'estimer, est un aiguillon d'héroïsme et la beauté est l'école des profondes passions. Vide d'amour est l'âme de celui dont le cœur ne sent pas d'allégresse quand les vents descendent en lutte, quand l'Olympe asssemble les nuages et que la tempête rugissante heurte les montagnes. O épouses, ô vierges, qu'il vous inspire de la haine et du mépris celui qui fuit le danger, qui, indigne de la patrie, a placé en bas lieu ses désirs et ses vulgaires passions, si toutefois dans votre cœur de femme vous brûliez d'amour pour des hommes et non pour des petites filles.

Craignez d'être appelées mères d'enfants timides. Que vos fils s'accoutument à supporter les disgrâces et les larmes de la vertu ; qu'ils condamnent et méprisent celui qui honore et estime ce siècle honteux. Qu'ils grandissent pour la patrie, pour les hautes actions ; qu'ils apprennent combien le pays doit aux ancêtres. Tels, au milieu de la mémoire et de la renommée des vieux héros, les fils de Sparte grandissaient pour la gloire de la Grèce, jusqu'à ce que l'épouse attachât l'épée fidèle au flanc de son ami : puis elle étalait ses cheveux noirs sur le corps inanimé et nu du jeune homme quand il revenait sur son bouclier conservé.

Virginie, la beauté toute-puissante adoucissait ta molle joue de ses doigts célestes et le maître insensé de Rome se désolait de tes altiers dédains. Tu étais belle, tu étais dans la saison qui invite aux doux songes quand la rustique épée de ton père rompit ta blanche poitrine et que tu descendis dans l'Érèbe de ton plein gré. « Que la vieillesse déflore et dissolve mes membres, ô mon père ; que la tombe, disait-elle, s'apprête pour moi : le lit impie du tyran ne me recevra pas. Peut-être mon sang donnera-t-il à Rome de la vie et de la force : tue-moi donc. »

O généreuse fille ! de ton temps le soleil brillait

plus beau que de nos jours, et cependant consolée et contente est cette tombe que la douce terre natale honore de ses larmes. Voici qu'autour de ta belle dépouille les fils de Romulus brûlent d'une nouvelle colère; voici que le tyran couvre sa chevelure de poussière. La liberté enflamme les cœurs oublieux; et sur la terre domptée l'altier Mars latin campe depuis le pôle ténébreux jusqu'aux confins torrides. C'est ainsi que l'éternelle Rome, ensevelie dans un dur repos, est ressuscitée une seconde fois par le trépas d'une femme.

V

A UN VAINQUEUR DU JEU-DE-PAUME.

(1824.)

Apprends, noble jeune homme, à connaître le visage et l'agréable voix de la gloire, et combien la vertu laborieuse est au-dessus d'un loisir efféminé. Applique-toi, applique-toi, magnanime champion, si tu veux ravir la gloire, comme une proie, au torrent des années; applique-toi et lève ton cœur vers de hauts désirs. L'arène retentissante, le cirque et les frémissements de la faveur t'appellent à des actes illustres. Tu es fier de ta jeunesse et la patrie aimée te prépare aujourd'hui à renouveler les antiques exemples.

Il ne teignit pas sa droite du sang barbare à Marathon, celui qui regarda stupidement les athlètes nus, le champ d'Élée et la palestre périlleuse; la palme bienheureuse et la couronne ne le piquèrent pas d'émulation. Et sans doute il avait lavé dans l'Alphée la crinière poudreuse et les flancs de ses cavales victorieuses celui qui guida les enseignes grecques et les épées grecques dans les pâles bataillons des Mèdes fugitifs et fatigués : il s'en éleva un cri de désespoir du sein profond de l'Euphrate et de la rive esclave.

Nommera-t-on inutile celui qui découvre et secoue les étincelles cachées de la vertu native, et qui ravive la chaleur caduque du souffle vital dans les poitrines malades et enrouées? Depuis que Phébus pousse son triste char, les œuvres des mortels sont-elles autre chose qu'un jeu? et la vérité est-elle moins vaine que le mensonge? La nature nous a entourés de joyeuses tromperies et d'ombres heureuses : et là où la coutume absurde n'a pas donné un aliment aux nobles erreurs, le peuple a changé les glorieuses occupations pour des loisirs obscurs et stériles.

Un temps viendra peut-être où les ruines des monuments italiens seront insultées par les troupeaux et où les sept collines sentiront la charrue; et peut-être, après peu de soleils révolus, l'astucieux renard habitera les cités latines, et de noires forêts murmureront parmi les hautes murailles, si les destins n'ôtent pas aux âmes perverties l'oubli funeste des choses de la patrie et si la ruine déjà mûre n'est pas détournée de nos peuples avilis par le ciel qu'aura rendu clément l'évocation des hauts faits des aïeux.

Qu'il te coûte, brave adolescent, de survivre à la patrie malheureuse. Tu aurais été illustre pour elle alors qu'elle avait sa couronne brillante, dont elle est dépouillée par notre faute et par le destin. Temps passés! personne aujourd'hui ne s'honore d'une telle mère. Pour toi cependant, élève ton âme jusqu'au ciel. Notre vie, à quoi est-elle bonne? seulement à la mépriser. Elle est heureuse, alors qu'enveloppée dans les périls elle s'oublie elle-même, quand elle ne mesure pas la perte des heures vermoulues et lentes et n'en écoute pas la fuite; elle est heureuse, alors que, le pied poussé vers le passage lethéen, nous la revoyons plus attrayante.

VI

BRUTUS MINOR.

(1824.)

Quand, déracinée, la valeur italienne tomba, ruine immense, dans la poussière thrace, heure fatale qui prépara pour les vallées de la verte Hespérie et pour la rive du Tibre le piétinement des chevaux barbares, et, des forêts nues que presse l'Ourse glacée, appela les épées des Goths à rompre les illustres murailles romaines ; alors, suant et mouillé du sang de ses frères, Brutus s'assit seul dans la nuit noire, déjà décidé à mourir ; il accuse les dieux inexorables et l'Averne, et frappe vainement les airs endormis de ses fiers accents.

Sotte vertu, les nuages creux, les plaines peuplées de fantômes inquiets, voilà tes écoles, et derrière toi marche le repentir. Pour vous, dieux de marbre (que votre demeure soit au Phlégéthon ou qu'elle soit sur les nuages), pour vous, la malheureuse race à qui vous avez demandé des temples est un jouet et une dérision, et une loi hypocrite insulte les mortels. Donc la piété des hommes excite tellement les haines célestes? donc tu es le protecteur des impies, ô Jupiter? et quand le nuage bondit dans l'air et quand tu lances ta foudre rapide, c'est contre les hommes justes et pieux que tu diriges la flamme sacrée?

Le destin invincible et la nécessité de fer oppressent les faibles esclaves de la mort; et, s'il ne peut faire cesser leurs outrages, le plébéien se console de maux qui sont nécessaires. Est-il donc moins dur le mal qui n'a pas de remède? ne sent-il pas la douleur, celui qui est privé d'esperance? O indigne destin, l'homme brave te fait une guerre mortelle, éternelle; il ne sait pas céder; et, quand ta droite tyrannique l'accable victorieusement, indompté, il se fait gloire d'en secouer l'etreinte: il enfonce dans son flanc un fer amer et malignement sourit aux ombres noires.

Il deplait aux Dieux celui qui violemment fait irruption dans le Tartare. Un si grand courage ne se trouverait pas dans ces molles poitrines d'immortels. Nos souffrances, nos âpres infortunes et nos malheureuses passions sont peut-être un spectacle agreable que le ciel a offert à ses loisirs. Ce n'est pas une vie de douleurs et de fautes, mais une vie libre et pure dans les bois que la nature nous prescrivit, elle qui fut jadis reine et deesse. Maintenant que des mœurs impies ont aboli ce regne du bonheur et soumis à d'autres lois notre maigre vie, quand une âme virile repousse des jours malheureux, la nature revient, et alors accuse-t-elle un coup qui n'est pas le sien?

Les heureux animaux ignorent leurs fautes et leurs propres maux : une vieillesse sereine les amène au pas qu'ils n'ont pas prévu. Mais si la douleur leur conseillait de se briser le front contre les troncs rudes ou de s'élancer du haut d'un rocher à pic dans les airs, aucune loi secrète ni aucun génie ténébreux ne s'opposerait à leur misérable désir. Vous seuls, parmi tous les êtres à qui le ciel donna la vie, seuls de tous, ô fils de Prométhée, vous vous dégoûtez de la vie; à vous seuls, ô malheureux, si le lâche destin vous pese, à vous seuls Jupiter dispute les rives des morts.

Et toi, blanche lune, tu te lèves de la mer qui rougit notre sang et tu explores la nuit inquiète et la plaine funeste à la valeur ausonienne. Le vainqueur foule les poitrines de ses proches, les collines frémissent et des sommets élevés tombe l'antique Rome. Es tu donc si impassible? Tu as vu la naissance des fils de Lavinie, les armées heureuses et les lauriers mémorables, et sur les Alpes tu verseras, muette, tes immuables rayons quand le nom italien sera esclave et que la ville solitaire sera de nouveau foulée des pieds barbares.

Voici que, parmi les rochers nus ou sur les rameaux verts, la bête fauve et l'oiseau, le cœur plein de leur ordinaire oubli, ignorent cette ruine profonde et les changements de la destinée du monde ; et comme auparavant, quand le toit du villageois industrieux sera rougi par l'aurore, l'oiseau éveillera les vallées de son chant matinal, et à travers les rochers la bête fauve poursuivra le faible peuple des animaux plus petits. O destin ! ô race vaine ! nous sommes la partie abjecte des choses : les mottes de terre teintes de notre sang, les grottes pleines de nos cris n'ont point été troublées par notre douleur, et le souci humain n'a pas fait pâlir les étoiles.

Non, je n'invoque au moment de mourir ni les rois sourds de l'Olympe et du Cocyte, ni la terre indigne, ni la nuit, ni toi, dernier rayon de la mort noire, ô mémoire de la postérité. Quand est-ce qu'une tombe dédaigneuse fut apaisée par des sanglots et ornée par les paroles ou les dons d'une vile multitude ? Les temps se précipitent vers le pire ; et l'on aurait tort de confier à nos neveux pourris l'honneur des âmes distinguées et la suprême vengeance des malheureux. Qu'autour de moi l'avide oiseau noir agite ses ailes. Que cette bête m'étouffe, que l'orage entraîne ma dépouille ignorée, et que l'air emporte mon nom et ma mémoire.

VII

AU PRINTEMPS
ou
DES FABLES ANTIQUES.

(1824.)

Puisque le soleil répare les dégâts du ciel, puisque Zephyr ravive l'air malade, met en fuite et disperse les nuages dont l'ombre lourde s'abaisse ; puisque les oiseaux confient aux vents leur frêle poitrine et qu'à travers les bois qu'elle pénètre et les frimas qu'elle dissout la lumière du jour inspire aux animaux émus un nouveau désir d'amour, une nouvelle espérance, peut-être que la belle saison revient pour les âmes humaines fatiguées, ensevelies dans la douleur et que les disgrâces, et le noir aspect de la vérité ont consumées avant le temps. Les rayons de Phébus ne sont donc pas à jamais obscurcis et éteints pour le malheureux ? et tu inspires et tu tentes encore, printemps embaumé, ce cœur glacé, ce cœur qui apprend l'amère vieillesse dans la fleur de ses ans ?

Tu vis donc, tu vis, ô sainte nature? et l'oreille désaccoutumée de ta voix maternelle en recueille le son? Jadis les rives furent le séjour, le paisible séjour des blanches nymphes, et les fontaines furent leur miroir. Des danses mystérieuses de pieds immortels ébranlèrent les sommets escarpés et les hautes forêts (aujourd'hui nid solitaire des vents), et, le berger, qui, à l'ombre incertaine de midi, menait ses brebis altérées au bord fleuri des fleuves, entendit le long des rives résonner le chant harmonieux des Pans agrestes; il vit trembler l'onde et s'étonna : invisible, la déesse qui porte le carquois descendait dans les flots tièdes et lavait son flanc de neige et ses bras de vierge de l'immonde poussière de la chasse sanglante.

Oui, un jour les fleurs et l'herbe ont vécu, les bois ont vécu. Les airs légers, les nuages et la lampe titanienne connurent la race humaine, alors que, nue sur les plages et les collines, ô lumière de Cypris, dans la nuit déserte, le voyageur te suivait, les yeux fixés sur toi, comme une compagne de sa route, et s'imaginait que tu pensais aux mortels. Que si, fuyant les impures liaisons des villes, les colères fatales et les hontes, cet autre heurtait sa poitrine à un tronc hérissé et perdu dans le fond des bois, il croyait qu'une flamme vivante circulait dans les veines pâles de l'arbre, que les feuilles respiraient, que dans une douloureuse étreinte soupiraient en secret Daphnis et la triste Philis, ou que pleurait le fils désolé de Climène, celui qu'Apollon noya dans l'Éridan.

Et vous, durs rochers, vous n'étiez pas insensibles aux douloureux accents de la tristesse humaine, quand Écho solitaire habitait vos terribles cavernes, Écho qui n'était pas une vaine erreur des vents, mais l'âme misérable d'une nymphe qu'un funeste amour et un dur destin arrachèrent de ses tendres membres. Par les grottes, par les écueils nus, par les demeures désolées, elle enseignait à la voûte du ciel nos angoisses, qu'elle n'ignorait pas, et nos plaintes profondes et entrecoupées. Et toi, la renommée te prête des aventures humaines, oiseau musicien, qui dans le bois chevelu viens maintenant chanter l'année renaissante, et se lamenter, dans la profonde paix des champs, dans l'air muet et sombre, sur des malheurs antiques et un affront criminel, sur le jour qui devint pâle de colère et de pitié.

Mais ta race n'est point parente de la nôtre; ces accents variés, la douleur ne les forme pas: innocent, tu es moins cher à la noire vallée qui te cache. Hélas! hélas! puisque vides sont les demeures de l'Olympe et aveugle le tonnerre qui, errant parmi les noires nuées et les montagnes, glace également d'une horreur dissolvante les cœurs injustes et les cœurs innocents; et puisque la terre natale est une étrangère qui ignore les enfants dont elle nourrit la triste vie, ô toi, belle nature, sois la confidente de nos soucis douloureux et de nos destins immérités, et rends à mon âme la flamme antique; si pourtant tu vis et si quelque chose réside dans le ciel, dans la terre brûlante ou dans le sein de l'onde pour laquelle nos maux soient, sinon un objet de pitié, du moins un spectacle.

VIII

HYMNE AUX PATRIARCHES

ou

DES COMMENCEMENTS DU GENRE HUMAIN.

(1824)

Et vous, pères illustres de la race humaine, le chant de vos fils affligés redira vos louanges; vous fûtes bien plus chers à l'éternel conducteur des astres et produits à la douce lumière avec bien moins de sujets de larmes que nous. Ces douleurs irrémédiables du malheureux mortel qui naît pour les larmes et trouve la tombe noire plus douce que la lumière éthérée, non, ni la pitié, ni la droite loi du ciel ne les lui ont composées. Si une rumeur antique parle de votre ancienne faute qui soumit la race humaine au pouvoir tyrannique de la maladie et de la douleur, les fautes plus sacrilèges de vos fils, leur génie inquiet, leur démence grandissante armèrent contre nous l'Olympe ofsensé et la puissance négligée de la nature. C'est ainsi que la vie devint à charge, qu'on maudit la fécondité du sein maternel et que l'Erèbe désolé émergea violemment à la surface de la terre.

Le premier, tu contemplas le jour, la lumière empourprée des sphères tournantes, les nouveaux hôtes des champs et la brise errante par les prés encore jeunes, ô chef et père antique de l'humaine famille! L'eau des Alpes, en se précipitant parmi les rochers et les vallées désertes, les frappait d'un bruit qui n'avait pas encore été entendu. Alors, sur les emplacements futurs des nations illustres et des villes riantes, régnait le charme d'une paix mystérieuse. Les collines non labourées n'étaient gravies que par le rayon brûlant de Phœbus seul et muet et par la lune dorée. O heureuse ignorance des fautes et des lugubres événements! O solitude du séjour terrestre! Oh! quelles douleurs, père infortuné, les destins préparaient à ta race, et quelle suite infinie de cruelles disgrâces! Voici qu'une fureur nouvelle souille de sang et du meurtre d'un frère les sillons stérilisés et que l'air divin apprend à connaître les ailes horribles de la mort. Tremblant, errant, le fratricide, fuyant les ombres solitaires et la secrète colère des vents dans les forêts profondes, élève le premier les toits des villes, ce séjour et ce royaume des soucis rongeurs; et, le premier, le remords désespéré, malade, haletant, réunit et resserre les mortels aveugles dans des demeures associées. Dès lors, la main malhonnête se refusa à la charrue recourbée, et viles furent les sueurs agrestes. L'oisiveté occupa ces seuils scélérats, et dompta la vigueur native dans les corps inertes; languissantes et lâches, les âmes retombèrent, et la servitude, mal suprême, s'empara de ces faibles vies humaines.

Et toi, qui sauvas ta race injuste de l'air ennemi et du flot de la mer mugissant sur les sommets nuageux, toi, à qui la première, parmi le ciel obscur et les cimes submergées, la blanche colombe apporta le signe de l'espérance renaissante : pour toi, le soleil naufragé, sortant à l'Occident des nues antiques, fit briller le pôle noir du bel arc d'Iris. Alors la race renouvelée revient sur la terre; elle reprend ses cruelles passions, ses goûts impies, ses ennuis éternels. Une main profane se joue des royaumes inaccessibles de la mer vengeresse et enseigne la douleur et les larmes à de nouveaux rivages et à de nouvelles étoiles.

Maintenant, père des hommes pieux, père juste et fort, mon cœur pense à toi et à tes fils généreux. Je dirai comment, ignoré, assis vers midi à l'ombre de ta tente paisible, près des molles rives, nourrices et demeure de ton troupeau, tu fus salué par des voyageurs célestes et inconnus, âmes éthérées, et comment, ô fils de la sage Rebecca, sur le soir, près du puits rustique, dans la douce vallée d'Aran, fréquentée des pasteurs en leurs loisirs joyeux, tu te pris d'amour pour la charmante fille de Laban : invincible amour qui poussa ton âme vaillante à se soumettre volontairement aux longs exils, aux longues peines et au poids odieux de l'esclavage.

Il y eut certainement (et le chant méonien et le bruit de la renommée ne repaissent pas la foule avide d'une vaine erreur et d'une ombre), il y eut un temps où cette plage malheureuse fut douce et clémente à notre race, et notre âge qui tombe a été d'or. Non que des ruisseaux de lait pur arrosassent le flanc des roches naturelles, ou que le tigre se mêlât aux brebis dans une bergerie commune, ou que le pâtre guidât par jeu les loups à la fontaine : mais la race humaine vécut ignorante de son destin et de ses ennuis, exempte même d'ennui. Ce fut le règne de l'agréable erreur, des fictions et du léger voile antique qui était placé devant les secrètes lois du ciel et de la nature : et, contente d'espérer, notre nef paisible entra au port.

Telle, dans les vastes forêts de Californie, naît une race heureuse, à qui les pâles soucis ne sucent pas le cœur, dont la cruelle maladie ne dompte pas les membres. Les bois lui fournissent la nourriture; le fond d'un rocher, des nids, la vallée humide, l'onde, et le jour de la sombre mort leur arrive inattendu. O royaumes de la sage nature sans armes contre notre audace scélérate ! Les rivages, les antres et les forêts tranquilles, notre audace invaincue les a ouvertes : elle enseigne à ces peuples qu'elle viole un ennui étrange, des désirs ignorés : elle chasse de son dernier séjour la félicité, qui s'enfuit toute nue.

IX

DERNIER CHANT DE SAPHO.

(1824.)

Nuit paisible, rayon modeste de la lune qui se couche, et toi qui poins parmi la forêt muette au-dessus du rocher, messagère du jour; ô aspects agréables et chers à mes yeux tant que les Érinnyes et la Destinée me furent inconnues; déjà ce doux spectacle ne sourit plus à ma passion désespérée. La joie que nous avons perdue se ravive quand par l'air limpide et les plaines tremblantes roule le flot poudreux des Notus et quand le char, le lourd char de Jupiter tonnant au-dessus de nos têtes divise l'air ténébreux. Alors, au travers les rochers et les vallées profondes, il nous plait de nous tremper dans les nuages, de voir la vaste fuite des troupeaux éperdus ou d'entendre le son du fleuve profond contre la rive douteuse et la colère victorieuse de l'onde.

Ton manteau est superbe, ô ciel divin, et tu es superbe, terre pleine de rosée. Hélas! de cette beauté infinie les dieux et le sort impie n'ont donné aucune part à la malheureuse Sapho. Habitante vile et importune de tes superbes royaumes, ô Nature, et amante méprisée, c'est en vain que suppliante je tourne mon cœur et mes regards vers tes formes charmantes. La rive pleine de soleil ne me rit pas, non plus que la blancheur matinale de la porte étherée. Ni le chant des oiseaux aux mille couleurs, ni le murmure des hêtres ne me saluent. Le fleuve qui à l'ombre des saules inclinés déroule son sein pur et cristallin, retire avec dédain ses ondes sinueuses de mon pied glissant et presse dans sa fuite ses bords odorants.

Quelle faute, quel excès sacrilege me souillèrent avant ma naissance, pour que le ciel et la fortune m'aient montré un visage si farouche? En quoi péché-je toute enfant, à l'âge ou l'on ignore le crime, pour qu'ensuite, sans jeunesse, sans fleur, le fil d'airain de ma vie se déroulât ainsi au fuseau de la Parque indomptée? Mais ta levre répand des paroles imprudentes : un dessein obscur meut les événements marqués par le destin. Tout est mystère, hormis notre douleur. Race négligée, nous naissons pour les pleurs et la raison en reste au sein des dieux. O soins, ô espérances des vertes années! Le Père a donné aux apparences, aux agréables apparences une éternelle royauté parmi les nations, et de viriles entreprises, une docte lyre ou un docte chant ne peuvent faire briller la vertu, si son vêtement est humble.

Nous mourrons. Laissant à terre son voile indigne, l'âme s'enfuira nue chez Pluton et corrigera l'erreur cruelle de l'aveugle dispensateur des événements. Et toi, à qui m'attachèrent un long amour, une longue fidélité et la vaine fureur d'un implacable désir, vis heureux, si jamais sur terre vécut heureux un enfant mortel. Jupiter ne m'a pas versé la douce liqueur du tonneau avare, après qu'eurent péri les illusions et le songe de mon enfance. Les jours les plus joyeux de notre vie s'envolent les premiers. Arrivent alors la maladie, la vieillesse et l'ombre de la mort glacée. De tant de palmes espérées et d'erreurs séduisantes, il me reste le Tartare; et mon génie vaillant appartient à la Divinité du Ténare, à la nuit noire et à la rive silencieuse.

X

LE PREMIER AMOUR.

(1831.)

Il me revient à l'esprit, le jour où je sentis pour la première fois l'assaut de l'amour et où je dis : Hélas! si c'est l'amour, comme il fait souffrir!

Les yeux à toute heure tournés et fixés vers le sol, je regardais celle qui la première et innocemment ouvrit l'entrée de ce cœur.

Ah! comme tu m'as mal gouverné, amour! Pourquoi une si douce passion devait-elle apporter avec elle tant de désir, tant de douleur?

Pourquoi ce plaisir si grand me descendait-il dans le cœur, non pas serein, entier et libre, mais plein de souffrance et de lamentation?

Dis-moi, tendre cœur, quelle crainte, quelle angoisse éprouvais-tu au milieu de cette pensée auprès de laquelle toute joie t'était un ennui?

Cette pensée, qui le jour, qui la nuit s'offrait à toi, séductrice, alors que tout paraissait tranquille dans notre hémisphère;

Inquiète, heureuse et misérable, tu brisais mon

corps sur ma couche, et mon cœur palpitait sans trêve.

Et quand triste, fatigué, épuisé, je fermais mes yeux au sommeil, ce sommeil, entrecoupé comme par le délire de la fièvre, me manquait bientôt.

O combien vive au milieu des ténèbres surgissait la douce image! comme mes yeux fermés la contemplaient sous leurs paupières!

O quels suaves mouvements se répandaient et se glissaient dans mes os! O comme dans mon âme mille pensées changeantes, confuses,

Se déroulaient. Tel le zéphyr parcourant le feuillage d'une antique forêt en tire un murmure long et incertain.

Et pendant que je me taisais, pendant que je n'agissais pas, que disais-tu, ô mon âme, du départ de celle qui te fit souffrir et palpiter?

Je ne me sentis pas plutôt brûler de la flamme d'amour, que le vent léger, qui nourrissait cette flamme, s'en alla.

J'étais couché au point du jour, sans penser à rien, et les chevaux qui devaient me rendre solitaire piaffaient sous le logis paternel.

Timide, tranquille et sans expérience, dans l'obscurité je tendais vers le balcon mon oreille avide et mes yeux vainement ouverts,

Pour saisir un mot, s'il devait en sortir de ses lèvres un qui fût le dernier : un mot! car, helas! le ciel m'enlevait tout le reste.

Combien de fois une voix plébéienne frappa mon oreille incertaine, et un frisson me prit et mon cœur se mit à battre au hasard.

Et quand enfin s'éloigna de moi la voix chère à mon cœur et qu'on entendit le bruit des chevaux et des roues;

Alors resté seul au monde, je me recouchai, et, les yeux fermés, je serrai de ma main mon cœur qui palpitait et je soupirai.

Puis, stupidement, je traînai mes genoux tremblants par la chambre muette. « Quelle autre, disais-je, pourra toucher mon cœur? »

Alors le souvenir amer se logea dans ma poitrine, et me serrait le cœur à chaque mot, devant chaque visage.

Et un long chagrin me pénétrait le sein, comme quand la pluie du ciel tombe sans interruption et lave mélancoliquement les plaines.

Enfant âgé de deux fois neuf soleils, je ne te connaissais pas, Amour, quand mon cœur né pour pleurer subissait tes premières épreuves,

Quand je méprisais tout plaisir, quand je n'aimais ni le rire des astres, ni le silence de l'aurore tranquille, ni le verdoiement des prés.

Même l'amour de la gloire se taisait alors en moi, qu'il échauffait tant d'ordinaire, au moment où l'amour de la beauté s'y installa.

Je ne tournai plus les yeux vers mes études familières : elles me parurent vaines, elles qui m'avaient fait croire que tout autre désir était vain.

Ah! comment ai-je été si différent de moi-même? comment cet amour si grand me fut-il enlevé par un autre amour? Ah! combien en vérité nous sommes vains!

Seul mon cœur me plaisait : enseveli dans un perpétuel entretien avec mon cœur, je faisais bonne garde autour de ma douleur.

Le regard fixé sur le sol ou ramené au dedans de moi, je ne souffrais plus qu'il rencontrât, même fugitif et vague, un visage beau ou laid.

L'image immaculée et candide qui était peinte dans mon âme, je craignais de la troubler, comme le vent trouble l'onde d'un lac.

Et ce remords de n'avoir pas joui pleinement, qui alourdit l'âme et change en poison le plaisir qui est passé.

Pendant ces jours lointains me piquait au cœur à tout instant : la honte ne faisait pas encore sa dure morsure dans mon âme.

Au ciel et à vous, âmes nobles, je jure que aucun désir bas ne m'entra dans le cœur, que je brûlai d'un feu pur de toute souillure.

Ce feu vit encore, ma passion vit, et elle respira dans ma pensée la belle image de celle qui ne me donna jamais que des plaisirs célestes,

Et je m'en contente.

XI

LE PASSEREAU SOLITAIRE.

(Publié en 1836.)

Sur le sommet de la tour antique, passereau solitaire, tu vas chantant à la campagne tant que le jour ne meurt pas, et l'harmonie erre par cette vallée. A l'entour, le printemps brille dans l'air et s'égaie dans les campagnes, si bien qu'à le voir le cœur s'attendrit. Tu entends béler les troupeaux, mugir les bœufs. Les autres oiseaux, contents, font ensemble à l'envi mille cercles dans le ciel libre : ils fêtent leur meilleur temps. Toi, pensif, à l'écart, tu regardes tout cela : sans compagnons, sans vol dédaigneux de l'allégresse, tu évites ces passe-temps. Tu chantes et tu passes ainsi la plus belle fleur de l'année et de ta vie.

Hélas ! combien ton caractère ressemble au mien. Distractions et rires, douce famille de l'âge tendre, et toi, frère de la jeunesse, Amour, regret douloureux de la vieillesse, je ne me soucie pas de vous, je ne sais comment. Que dis-je? je vous fuis bien loin : comme solitaire et étranger dans mon pays natal, je passe le printemps de ma vie.

Ce jour, qui maintenant fait place au soir, est un jour de fête pour notre bourg. Tu entends dans l'air serein un son de cloches, tu entends résonner souvent des coups de feu qui retentissent au loin de villa en villa. Toute la jeunesse du lieu, vêtue de fête, sort des maisons et se répand par les rues. Elle voit, elle est vue et elle se réjouit dans son cœur. Moi, solitaire, je sors dans ce coin désert de la campagne, je remets à un autre temps tout plaisir et tout jeu, et cependant mon regard étendu dans l'air brillant est frappé par le soleil qui, à travers les monts lointains, après ce jour serein, tombe et s'éloigne et semble dire que l'heureuse jeunesse s'en va.

Toi, oiseau solitaire, venu au soir de la vie que te donneront les étoiles, tu ne te plaindras certes pas de ta condition : car tous vos désirs sont le fruit de la nature. Moi, si je n'obtiens pas d'éviter le seuil odieux de la vieillesse, quand mes yeux seront muets au cœur d'autrui, que le monde sera vide pour eux, que le lendemain sera plus ennuyeux et plus importun que le jour présent, que penserai-je alors de mes désirs d'aujourd'hui, de ces miennes années et de moi-même ? Ah ! je me repentirai, et souvent, mais désolé, je me retournerai vers le passé.

XII

L'INFINI.

(1819)

Toujours chères me furent cette colline déserte et cette haie qui, sur un long espace, cache au regard l'extrême horizon. Mais, m'asseyant et regardant, au delà de la haie j'imagine d'interminables espaces, des silences surhumains, un profond repos où peu s'en faut que le cœur ne s'effraie. Et comme j'entends bruire le vent à travers le feuillage, je vais comparant le silence infini à cette voix : et je me souviens de l'éternité, des siècles morts, du siècle présent et vivant et du bruit qu'il fait. Ainsi dans cette immensité s'anéantit ma pensée et il m'est doux de faire naufrage dans cette mer.

XIII

LE SOIR DU JOUR DE FÊTE.

(1819.)

Douce et claire est la nuit, et sans vent, et tranquille sur les toits et au milieu des jardins se pose la lune, et elle éclaire au loin toutes les montagnes de sa lueur sereine. O ma dame, déjà se tait chaque sentier, et aux balcons brillent de rares lampes nocturnes. Tu dors : un songe léger t'a saisie dans ta chambre paisible et aucun souci ne te mord ; et tu ne sais plus ni ne penses, quelle blessure tu m'as ouverte au milieu du cœur. Tu dors : moi, je me présente pour saluer ce ciel, dont la vue paraît si clémente, et l'antique nature toute puissante qui me fit pour la douleur. Je te refuse l'espérance, me dit-elle, même l'espérance, et tes yeux ne brilleront que de larmes. — C'était fête aujourd'hui : tu te reposes des amusements et peut-être te souviens-tu en rêve de tous ceux à qui tu as plu aujourd'hui, et de tous ceux qui t'ont plu : moi, je ne l'espère pas, non, je ne reviens pas à ta pensée. Cependant je demande combien il me reste à vivre et je me jette sur la terre, et je crie, et je frémis. O jours horribles en un âge aussi vert! Hélas, non loin, dans la rue, j'entends le chant solitaire de l'artisan qui revient sur le tard, après les récréations, à son pauvre logis, et cruellement mon cœur se serre en songeant comme tout passe au monde, passe sans laisser presque de trace. Voilà que s'est enfui le jour de fête, et au jour de fête le jour vulgaire succède, et le temps emporte tout évènement humain. Ou est maintenant le bruit de ces peuples antiques? Ou est le cri de nos ancêtres fameux, et le grand empire de cette Rome avec ces armes et ce fracas qui remplit la terre et l'océan? Tout est paix et silence et tout repose au monde et on ne parle plus d'eux. A mon premier âge, à l'âge où on attend avec impatience le jour de fête, quand ce jour était passé, dans ma veille douloureuse je pressais mon lit, et bien tard dans la nuit un chant, qu'on entendait par les sentiers mourir peu à peu en s'éloignant, me serrait déjà le cœur de la même façon.

XIV

A LA LUNE.

(1819)

O gracieuse lune, je me souviens qu'il y a un an je venais sur cette colline te regarder, plein d'angoisse : et tu te suspendais alors, comme tu fais maintenant, sur cette colline que tu éclaires tout entière. Mais, nuageux et tremblant des larmes qui baignaient mes cils, apparaissait ton visage à mes yeux : car douloureuse était ma vie, et elle l'est encore et n'a pas changé, ô ma lune chérie. Et cependant j'aime à me souvenir et à calculer l'âge de ma douleur. Oh! comme il est doux, au temps de la jeunesse, quand la carrière de l'espérance est encore longue et celle de la mémoire encore courte, de se rappeler les choses passées, même tristes, et même si le chagrin dure encore!

XV

LE SONGE.

(1819)

C'était le matin, et à travers les volets fermés, par le balcon, le soleil insinuait dans ma chambre sombre sa première blancheur, quand, au moment où le soleil plus léger et plus suave ferme les paupières, se dressa près de moi et me regarda au visage le fantôme de celle qui la première m'enseigna l'amour, puis me laissa dans les larmes. Elle ne semblait pas morte, mais triste, et telle que nous paraissent les malheureux. Elle approcha sa droite de ma tête, et, soupirant : « Tu vis, me dit-elle, et tu ne conserves aucun souvenir de nous ? — D'où, répondis-je, et comment viens tu, chère beauté ? Combien, ah ! combien j'ai souffert et je souffre à ton sujet. Je ne croyais pas que tu dusses l'apprendre et cela rendait ma douleur plus inconsolable. Mais vas-tu me laisser une seconde fois ? J'en ai grand'peur. Or dis-moi : que t'advint-il ? Es-tu celle d'autrefois ? Et quelle destruction intérieure as-tu subie ? — L'oubli obscurcit tes pensées et le sommeil les enveloppe, dit-elle. Je suis morte, et tu m'as vue pour la dernière fois, il y a plusieurs lunes. » A ces mots, une douleur immense m'oppressa la poitrine. Elle poursuivit : « Je m'éteignis dans la fleur des ans, quand la vie est la plus douce et avant l'âge où le cœur s'assure que toute humaine espérance est vaine. Le mortel qui souffre en vient vite à désirer celle qui le tire de tout chagrin : mais désolante est la venue de la mort pour les jeunes, et dur est le destin de cette espérance qui va s'éteindre sous terre. Il est vain de savoir ce que la nature cache aux inexpérimentés de la vie et la douleur aveugle l'emporte de beaucoup sur une sagesse prématurée. — O infortunée! ô bien-aimée! tais-toi, tais-toi, lui dis-je : tu me brises le cœur avec ces paroles. Donc tu es morte, ô mon amie, et je suis vivant, et il était écrit dans le ciel que ton corps tendre et chéri devait éprouver les sueurs suprêmes, tandis que ma misérable enveloppe resterait intacte! Oh! combien de fois, en pensant que tu n'es plus et qu'il ne m'arrivera jamais de te revoir en ce monde, je ne puis y croire. Hélas! hélas! quelle chose est ce qu'on appelle la mort? Que ne puis-je aujourd'hui l'apprendre par expérience et soustraire ma faible tête aux haines atroces de la destinée! Je suis jeune, mais ma jeunesse se consume et se perd comme une vieillesse : la vieillesse! je la crains, et pourtant j'en suis bien loin. Mais la fleur de mon âge en diffère si peu! — Nous naquîmes tous deux pour les larmes, dit-elle ; la félicité n'a pas ri à notre vie, et le ciel s'est complu à nos chagrins. — Si maintenant, ajoutai-je, mes cils se voilent de larmes et mon visage de pâleur à cause de ton départ, et si je sens mon cœur lourd d'angoisse, dis-moi : aucune étincelle d'amour ou de pitié pour ton malheureux amant n'atteignit-elle ton cœur, pendant que tu vécus? Alors je passais mes nuits et mes jours à désespérer et à espérer ; aujourd'hui mon âme se fatigue dans le doute vain. Si une seule fois tu eus compassion de ma vie misérable, ne me le cache pas, je t'en prie, et que le souvenir me console, maintenant que l'avenir est enlevé à nos jours. » Et elle : « Console-toi, ô infortuné! Je ne te fus point avare de pitié, tant que je vécus, et je ne t'en suis pas avare maintenant : car j'ai été malheureuse, moi aussi. Ne te plains pas d'une malheureuse enfant. — Par nos malheurs et par l'amour qui me consume, m'écriai-je, par le nom chéri de la jeunesse et l'espoir perdu de nos jours, permets, ô aimée, que je touche ta main. » Et elle, d'un geste doux et triste, me la tendait. Pendant que je la couvre de baisers, que, palpitant d'une joie douloureuse, je la serre sur mon sein haletant, ma figure et ma poitrine se trempent de sueur, ma voix s'arrête dans ma gorge, le jour vacille devant mes yeux. Elle fixa tendrement ses yeux sur mes yeux et me dit : « Tu oublies, ô mon ami, que je suis dépouillée de ma beauté? C'est en vain, ô infortuné, que tu t'échauffes et que tu frémis d'amour. Or, finalement adieu. Nos malheureuses âmes et nos chairs sont séparées pour l'éternité. Tu ne vis plus et jamais tu ne vivras pour moi : déjà le destin a rompu la foi que tu m'as jurée. » Alors, voulant crier d'angoisse, me pâmant, et les yeux mouillés de larmes désespérées, je m'arrachai à mon sommeil. Elle me restait pourtant dans les yeux et dans le rayon incertain du soleil il me semblait encore la voir.

XVI

LA VIE SOLITAIRE.

(1819.)

Le matin, à l'heure où la poule bat des ailes et saute dans sa chambre enfumée, ou le villageois se montre à son balcon et ou le soleil darde ses rayons tremblants à travers les gouttes qui tombent, la pluie qui frappe doucement ma cabane me réveille. Je me lève, et je bénis les nuées légères, les premiers gazouillements des oiseaux, la brise fraîche et les plages riantes. Car je vous ai trop vus et connus, murs fâcheux des villes, où la haine accompagne la douleur. Je vis affligé et je mourrai tel, ah! bientôt! En ces lieux la nature me témoigne quelque pitié, quoique bien peu : oh! combien jadis elle me traita mieux! Oui, tu dédaignes les malheurs et les chagrins, tu es l'esclave du bonheur tout puissant, ô nature. Au ciel, sur terre il ne reste aux infortunés d'autre refuge et d'autre ami que le fer.

Quelquefois je m'assieds dans un lieu solitaire sur une éminence, au bord d'un lac couronné de plantes muettes. Là, quand midi passe dans le ciel, le soleil reflète sa tranquille image, le vent n'agite ni herbe ni feuille; point d'onde qui se ride; point de cigale qui chante, point d'oiseau qui batte de l'aile sur une branche, point de vol de papillon; on n'entend pas une voix, on ne voit pas un mouvement de près ou de loin. Un repos profond occupe ces rives : assis et immobile, je m'oublie moi-même ainsi que le monde ; et déjà il me semble que mes membres gisent épars, privés de souffle et de sentiment et que leur éternel repos se confonde avec le silence du lieu.

Amour, amour, tu t'es envolé loin de mon cœur qui fut autrefois si brûlant, que dis-je? si embrasé. Le malheur l'a serré de sa main froide et il s'est glacé dans la fleur de ses ans. Je me souviens du temps où tu pénétras dans mon sein. C'était ce temps doux et irrévocable où s'ouvre au regard jeune cette misérable scene du monde et lui sourit comme une vue de paradis. Le cœur du jeune garçon bat d'espérances virginales et de désirs; et déjà le malheureux mortel se prépare aux œuvres de cette vie, comme à une danse ou un jeu. Mais je ne te sentis pas plus tôt, Amour, que déjà la fortune avait rompu ma vie et que déjà mes yeux n'étaient plus bons que pour les larmes. Pourtant, si parfois parmi les plages brillantes, à l'aurore muette ou quand le soleil fait briller les toits, les collines et les campagnes, je rencontre le visage d'une belle jeune fille, ou si dans le repos d'une tranquille nuit d'été, arrêtant près des villes mon pas vagabond et contemplant la campagne déserte, j'entends résonner dans une chambre solitaire le chant harmonieux d'une jeune fille qui prolonge dans la nuit son travail manuel; alors mon cœur de pierre se met à palpiter. Helas! mais il revient bientôt à son sommeil de fer : car les doux mouvements sont devenus étrangers à mon sein.

O chère lune, dont le tranquille rayon éclaire la danse des lièvres dans les forêts; — et le matin le chasseur se plaint en trouvant les pistes embrouillées et trompeuses, et mille detours l'écartent des terriers; — salut, ô bonne reine des nuits! Ton rayon se glisse en ennemi à travers les buissons, les rochers ou dans les édifices déserts sur le fer du pâle voleur qui, l'oreille tendue, épie de loin le bruit des roues et des chevaux ou le son des pas sur la route muette : le cliquetis inattendu de ses armes, sa voix rauque, sa mine funèbre glacent le cœur du voyageur, qu'il laisse bientôt à demi mort et nu parmi les rochers. Ennemie aussi, ta blanche lumière rencontre par les carrefours des cités le vil galant, qui va rasant les murs des maisons et suivant l'ombre obscure, qui s'arrête et s'effraie des lampes brillantes et des balcons ouverts. Oui, ton aspect est ennemi des âmes méchantes, mais il me sera toujours clément sur cette plage ou tu ne présentes à ma vue que de joyeuses collines et des plaines spacieuses. Et encore, bien que je fusse sans remords, j'accusais ton rayon gracieux quand, dans les lieux habités, il m'offrait au regard des hommes ou qu'il offrait d'autres hommes à mon regard. Maintenant je le louerai toujours, soit que tu m'apparaisses voguant parmi les nuages, soit que, sereine dominatrice de la plaine éthérée, tu regardes ce déplorable séjour des hommes. Tu me reverras souvent, seul et muet, errer dans les bois et sur les vertes rives, ou m'asseoir sur l'herbe, content s'il me reste assez de cœur et d'haleine pour soupirer.

TABLE

Avant-Propos 3
Essai sur les idées philosophiques et l'inspiration poétique de Leopardi. 13
    Chapitre I . . . . Ibid.
    — II. 35
    — III 53
    — IV 73
    — V 129
    — VI . . . 163
    — VII . . . 185
    — VIII . . 209

POESIES

I.   A l'Italie 223
II.   Sur le monument de Dante qu'on préparait a Florence . . .
III. A Angelo Mai . . . 235
IV. Pour les Noces de ma sœur Pauline . . . 241

V.	A un Vainqueur du Jeu-de-Paume	245
VI.	Brutus Minor	248
VII.	Au Printemps	252
VIII.	Hymne aux Patriarches	256
IX.	Dernier Chant de Sapho	261
X.	Le premier Amour	264
XI	Le Passereau solitaire	268
XII.	L'Infini	270
XIII.	Le Soir du jour de fête	271
XIV.	A la Lune	273
XV.	Le Songe	274
XVI.	La Vie solitaire	278

Paris. — Typ. Ch. Unsinger, 83, rue du Bac.

PETITE BIBLIOTHÈQUE LITTÉRAIRE
(AUTEURS CONTEMPORAINS)

Volumes petit in-12 (format des Elzévirs)
imprimés sur papier vélin teinté.
Chaque volume : 5 fr. ou 6 fr.

Chaque œuvre est ornée d'un portrait gravé à l'eau-forte.

*BARBEY D'AUREVILLY. L'Ensorcelée. 1 vol.	6 fr.
— — Une Vieille Maîtresse. 2 vol.	10 fr.
— — Le Chevalier Des Touches. 1 vol.	6 fr.
6 Eaux fortes dessinées et gravées par FÉLIX BUHOT, pour illustrer *le Chevalier Des Touches*. Prix.	10 fr.
7 Eaux-fortes dessinées et gravées par FÉLIX BUHOT, pour illustrer *l'Ensorcelée*. Prix	10 fr.
*THÉODORE DE BANVILLE. Idylles prussiennes. 1 vol.	5 fr.
— — Les Stalactites. 1 vol.	5 fr.
— — Odes funambulesques. 1 vol.	6 fr.
— — Le Sang de la coupe. 1 vol.	6 fr.
— — Les Exilés. 1 vol.	6 fr.
— — Occidentales 1 vol.	6 fr.
— — Les Cariatides.	6 fr.
— — Théâtre. 1 vol.	6 fr.
*AUGUSTE BRIZEUX. Poésies. *Marie.* — *Telen Arvor.* — *Furnez Breiz.* 1 vol.	5 fr.
— — Les Bretons. 1 vol.	5 fr.
— — Histoires poétiques. 2 vol.	10 fr.
CHATEAUBRIAND. *Atala, René, le Dernier Abencerage*, avec notices et notes par ANATOLE FRANCE. 1 vol.	6 fr.
*ANDRÉ CHÉNIER. Poésies complètes 3 vol.	18 fr.
*FRANÇOIS COPPÉE. Poésies (1864-1869) 1 vol	5 fr.
— — Poésies (1869-1874) 1 vol.	5 fr.
— — Poésies (1874-1878). 1 vol.	5 fr.
— Théâtre (1869-1872). 1 vol.	5 fr.
PAUL-LOUIS COURIER. Œuvres, avec une notice et des notes par M. FR. DE CAUSSADE. 5 vol. Chaque volume.	6 fr.
(Le premier volume est en vente.)	
*GUSTAVE FLAUBERT. Madame Bovary. 2 vol.	10 fr.
— Salammbô 2 vol.	12 fr.
7 Eaux fortes dessinées et gravées par BOILVIN pour illustrer *Madame Bovary*. Prix	12 fr.
*EDMOND ET JULES DE GONCOURT. Renée Mauperin. 1 vol.	6 fr.
— — Sœur Philomène. 1 vol.	6 fr.
— — Germinie Lacerteux. 1 vol.	6 fr.
*LÉON GOZLAN. Aristide Froissart. 1 vol	6 fr.
— Polydore Marasquin, etc. 1 vol.	6 fr.
*VICTOR HUGO Poésies. 10 vol. ; chaque volume.	6 fr.
— Théâtre 4 vol ; chaque volume.	6 fr.
— Notre-Dame de Paris. 2 vol.	12 fr.

PARIS. — CH. UNSINGER, imprimeur, rue du Bac, 83.

www.ingramcontent.com/pod-product-compliance
Lightning Source LLC
Chambersburg PA
CBHW050633170426
43200CB00008B/1003